Harvard Business Review Press

やっかいな人のマネジメント

ハーバード・ビジネス・レビュー編集部 編
DIAMONDハーバード・ビジネス・レビュー編集部 訳

ダイヤモンド社

Emotional Intelligence
EI シリーズ

Harvard Business Review
Emotional Intelligence
DEALING WITH DIFFICULT PEOPLE

DEALING WITH DIFFICULT PEOPLE
HBR Emotional Intelligence Series
by
Harvard Business Review

Original work copyright © 2018 Harvard Business School Publishing Corporation
All rights reserved
Published by arrangement with Harvard Business Review Press, Brighton, Massachusetts
through Tuttle-Mori Agency, Inc., Tokyo

やっかいな人のマネジメント　DEALING WITH DIFFICULT PEOPLE　目次

［日本語版に寄せて］

「面倒くさい人と付き合うスキル」こそが問われる時代

早稲田大学大学院経営管理研究科（ビジネススクール）教授　**入山章栄**

本書の「日本語版に寄せて」の執筆を依頼された際、筆者は引き受けることを即答した。なぜなら、本書はビジネス書が扱うような「きれいごと」とは異なり、「やっかいな人物に対処するコツ」「意地の悪い同僚にどう対処するか」など、多くの読者の皆さんも日々直面しているであろう、ビジネス現場で起きるリアルな事態への対応が示されている、稀有で貴重な本だからだ。

現実のビジネスは、経営書が描くようなきれいなビジネスモデルや、著名経営者が自伝で書くようなドラマチックな出来事だけで起きるのではない。むしろ、難航する取引先との交渉、すぐに口を出す上司との付き合い、やたらとクレームをつけてくる顧客への対応などが、現実のかなりを占める。本書は、『ハーバード・ビジネス・レビュー』に掲載された論文を中心に、このテーマを研究する第一線の経営学者、コンサルタント、専門家が提示する「面倒くさい相手とどう付き合うか」のスキル・手段をまとめた、きわめて実践的・現実的な指南書なのだ。

そしてこの「面倒くさい人と付き合うスキル」の重要性は、今後の日本でますます高まるだろう。その背景は三つある。

第一に、いまの日本は終身雇用から人材流動社会への転換期にあることだ。終身雇用は退職まで雇用が守られる一方で、その代償として上司や部下を選べない。やっかいな上司や、言うことを聞かない部下を受け入れながら、付き合う他はない。

一方で流動性の高い社会では、能力があれば転職ができる。つまり、上司が本当に嫌なら会社を去ってしまえばいい。しかしこれは逆に言えば、少しずつ流動化が進みだした現代の日本では、突然他社から移ってきた「能力は高いけど面倒くさそうな人」があなたの上司になる可能性も高いことを意味する。実際、牧歌的な社風だった会社に、外資系企業などで名を挙げた上司が突如入ってきて衝突を引き起こす事例は、よく聞かれるところだ。終身雇用と流動社会の狭間にいる日本だからこそ、「面倒くさい相手」への対処法の理解が必要なのだ。

第二の背景は、日本でもダイバーシティがこれから進んでいくことだ。現在、多くの日本企業がダイバーシティ経営の強化を掲げ始めているが、それを実行する難しさは十分に理解されていないかもしれない。すなわちそれは、「自分と意見や考えが異なる人を受け入れる態度」が求められることだ。

平たく言えば、ダイバーシティが進むということは、仮にあなたが中年の男性管理職だとして、二〇代の女性の、もしかしたら少し派手な外見をした部下から「〇〇さん、あなたの考えはいまの時代には通用しませんよ」と言われる機会が増える、ということだ。ここで「上司に向かって何を生意気な口をたたいているんだ！」と怒ってはダイバーシティの意味がない。なぜなら、多様な意見を受け入れ、受け止めることがダイバーシティだからだ。ダイバーシティが高いということは異質な考えを持つ人が増えることであり、その視点の衝突がむしろ企業に変化を生む活力となるからだ。

しかし、これを実際に実行するのは、頭で考えるよりはるかに難しい。特に同質な人間が集まり、同調をよしとしてきた従来の日本企業ではなおさらだ。先の事例のように若い部下から指摘された時に、喉元まで出かかった怒りを収め、紳士的に対応して、その意見をまずは受け止めながら議論を進めなければいけない。

第三の背景は、これからの時代は人工知能（ＡＩ）やＲＰＡ（ロボティック・プロセス・オートメーション）が、企業に導入されていくことだ。ＡＩやＲＰＡの導入などにより、通常の決まりきったルーティンワークの負荷は、どんどん削減されていくだろう。書類の作成・記入・承認の負担などは、今後圧倒的に軽くなっていくはずだ。逆に言えば、これからのビジネスパーソンは、「ＡＩやＲＰＡができないこと」に専心する必要がある。そしてその第一は、人と人の関係性をうまく行う、いわゆる「ソフトスキル」になる。

よく考えれば、面倒な人とうまく付き合うことほど、ＡＩやＲＰＡができないことはない。このような「人間にしかできないソフトスキル」を磨くことが、これからのＡＩ時代で自身の価値を高めるうえでも不可欠なのだ。

感情はコントロールしづらいが、認知は変えられる

では、面倒くさい相手とうまく付き合っていくスキルを高めるポイントは何か。本書を通じての大きな主張の一つは「感情と認知を使い分ける心理マネジメント」にある、と理解した。

この主張は、経営学者である筆者もまったく同感だ。

感情と認知は、世界の経営学でも重要なテーマだ。筆者が二〇一九年一二月に上梓した『世界標準の経営理論』でも、心理学に基づいて認知や感情の理論をわかりやすく解説している。学術的な詳細は拙著をご覧いただくとして、ここでは、これから本書を読んでいくうえでのポイントを三つ紹介しよう。

第一のポイントは、「人は認知を使って物事を理解するが、人を行動へと突き動かすのはあくまで感情」ということだ。人の心理は、大まかに「認知」と「感情」からなる。ここで言う認知とは、外部から収集した情報を処理してアウトプットを出す脳の情報処理を指す。一方の感情とは、物事に対して抱く気持ちのことだ。両者は神経科学的にも相互依存の関係にあるが、とはいえ、そのメカニズム・影響は大きく異なる。にもかかわらず、我々は両者の使い分けを十分に行っていないことが多い。

たとえば、面倒くさい相手の対処において犯しがちなミスは、「相手を論理で説き伏せる」ことだ。これは相手の認知に働きかける行動だ。しかし、人間は理屈を理解しても、感情的に納得しないと行動には移さない。しかも、一見優秀な人ほど、この事実をわかっていないことも多い。従来の日本企業で「優秀な人」とは、論理・認知を重視することが多く、したがって、感情的になっている相手にも論理で説き伏せようとしがちだ。しかし、相手は論理には納得しているかもしれず、実は単にその人に「ムカついている」だけだから言うことを聞かない、ということも現実には多いのだ。したがってそのような時は、むしろ相手の感情のほうをうまくマネジメントする必要がある。

そしてその際には、まずは自身の感情を、認知を使ってコントロールする必要がある。経営学で知られる例では、優秀なキャビンアテンダント（ＣＡ）は、乗客から怒りのクレームを受けた際に一瞬相手に恐れを感じるかもしれないが、その後すぐにその人が「なぜ怒っているのか」を認知的に探ろうとする。すると、実はその人は初めて飛行機に乗っているということに気づき、「ああ、この人は初めて飛行機に乗るから怖くてクレームをつけているのだな、かわいそうに」と、自分の感情を「恐れ」から「同情」に変えられるのだ。結果、同情したＣＡは乗客を心からケアするので、乗客の怒りの感情も弱まっていく。

このように、自分の認知を活かして自身の感情に影響を与え、翻って面倒くさい相手の感情までも変えていけるような手段の総称を、エモーショナル・インテリジェンス（ＥＩ）と言う。

本書はまさに全編を通してＥＩの本であり、ＥＩ視点からの、面倒な人に対応する実践的な視点・事例が実に多く紹介されている。

第二のポイントは、「自分の認知と他者の認知は異なる」ことを常に前提に置くことだ。これも、面倒くさい相手に対応する時に陥りがちなミスである。人はどうしても「自分が見ているものと相手が見ているものは同じだ」と考えがちである。しかし、現実には人それぞれの認知フィルターがあり、同じ事態に遭遇しても、それに対する自分と相手の見方は違うのである。現代の経営学ではプロソーシャル・モチベーション（他者の視点に立った動機づけ）の重要性が主張されているが、まさに「相手は、自分と違ってこの事態をどう見ているのだろうか」に心を配ることが重要なのだ。この点に関する事例も、本書は多く紹介している。

そして第三のポイントは、「人は変えられない」という事実だ。これも本書が主張する大きなポイントである。我々は、面倒くさい相手と向き合う時に、どうしても相手の考えを自分の好む方向へ変えたくなる。先のようにＥＩを通じて感情に訴えることはできるが、特に面倒な相手においては、「相手の心はそもそも変えられない」可能性を十分に踏まえておくべきだろう（皆さんのなかで、夫婦関係において「自分の夫・妻の主張や生活態度を自分は変えられた！」という人がいたら、ぜひ教えてほしい。そうそうはいらっしゃらないはずだ）。

「相手のことは変えられない」という前提に立てば、むしろその面倒な相手と付き合うのをやめ、そのためには組織を離れることも選択肢になりうる。本書は、「人は変えられないという前提のなかで、我々に何ができるか」についても、多様な視点を提示してくれている。

＊　＊　＊

繰り返しになるが、これからの時代、良くも悪くも、日本のビジネスで「面倒くさい人との付き合い方」はさらに重要になってくるだろう。こういったことは、仲間うちなどで愚痴っぽく語り合うことはあっても、体系的な知見として知る機会は少ないのではないか。本書を通じて、ぜひ「面倒くさい人との付き合い方のスキル」の英知を学んでいただければ幸いである。

対立の「温度」をうまく調整するには

1

Harvard Business Review
Emotional Intelligence DEALING WITH DIFFICULT PEOPLE

マーク・ガーゾン
Mark Gerzon

"To Resolve a Conflict, First Decide: Is It Hot or Cold?,"
HBR.ORG, June 26, 2014.

熱い対立か、冷たい対立かによって、対処方法は変わる

リーダーは対立に直面することがある。対立はテリトリー争いから起こるものだ。しかし、これに対処しようと動く前に、まず立ち止まって次のことを問う必要がある。

「それは熱い対立か、冷たい対立か」

このきわめて重要な問いに答えるために、以下の二つの定義を確認しよう。

「熱い対立」とは、一人または複数の当事者が非常に感情的になっており、次のような行動が見られる場合である。声高に話したり叫んだりする。身体的に攻撃的であり、荒っぽく、身の危険を感じさせるような行動を取る。扇動的な言葉を使う。我慢がならない、爆発するかもしれないとアピールする。

「冷たい対立」とは、一人または複数の当事者が感情を押し殺している、あるいは実際に感情がないように見え、かつ次のような行動が見られる場合である。小声でぶつぶつと不平を言ったり、口をとがらせたりする。身体的には自制が効いているように見え、あまり身動きをしない。接触を避けたり、かわしたりする。黙っているか、受動的攻撃性のある（表立ってではな

1. To Resolve a Conflict, First Decide: Is It Hot or Cold?

く、しかしわざと意に沿わないような）話し方をする。心を閉ざしているか、冷淡になっているように見える。

どちらのタイプの対立も解決には向かわない。意見は戦わせる用意があるが、強い敵対心は抱いてないぐらいの「温かい対立」のほうが、はるかに生産的になる可能性が高い。したがって、冷たい対立に対処する時はそれを「温める」スキルが、熱い対立に対処する時はそれを「冷ます」スキルが必要である。

対立の解消は、料理のように最適な温度の時に最もうまくいく。熱すぎると、感情の爆発を招いて対処できなくなったり、怒りやむき出しの敵意のために関係が壊れたりする。冷たすぎると、いくら働きかけても凍ったまま何も進展しない、表に出ない感情や抑え込まれた関心のために関係が冷え込む可能性がある。リーダーとしては、対立が有用で生産的になりうる温度に持っていきたいものだ。

私はこの二〇年間、専門家として、熱い対立も冷たい対立も経験してきた。米国内の企業や教育機関、宗教団体で仕事をするなかで、一般的に見られたのは冷たい対立であった。しかし、国連の調停役として米国や世界中の紛争地域で政治家たちと仕事をした時は、しばしば熱い対立に対処した。そして、どのような組織でも調停役として行動を開始する前に、まず不可欠の第一手として、対立が熱いか冷たいかを理解しなければならないことを直接に学んだのである。熱いか冷たいかの診断を終えた後は、次に各状況の背後に何らかの力関係が潜んでいないかを理解することが必要となる。

・熱い対立の場合

熱い対立の当事者たちを同じ場に集めるのは、エネルギーが爆発する可能性を抑え込むような、十分に強力な基本原則を設定してからにしたいものだ。たとえば、すでに互いに激しく口論し合った二人の取締役間の対立に対処する時は、取締役会で誰かが話し始める前に最初から明確な基本原則を設定し、双方の同意を得ておくとよい。

次の方法を試してみよう。全員が輪になるよう座ってもらい、厳格な制限時間（たとえば、一人三分）を設けて順番に発言してもらう。それぞれが自分自身と自分の感情について話さなければならないような質問を選ぶとよい。

たとえば、私が下院議員との仕事において冷静な話し合いを開始するために考案したのは、次のような質問であった。「下院での対処の仕方が異なると、あなたとあなたの家族はどのような影響を受けますか」。この種の質問に答えるセッションを設けることで、個人攻撃を避けた話し合いが始まり、全員が発言することができ、うまくいけばより難しい領域に踏み込む前に必要な信頼を深めることができる。

•冷たい対立の場合

通常、当事者や利害関係者を対立の場に集め、建設的な対話をさせることができる。この対話を適切に導くには、凍っていた対立が解け出して変容のプロセスが始まるように、十分な温度に「温め」なければならない。とはいえ、なお慎重に準備すべきことはある。対立が冷たいのは、大きな感情の抑圧があるからこそ、という場合も多い。その時は、温度が制御不能なほど上がらないよう、巧みな温め方を知っておく必要がある。

そのためには、ディベートと対話を活用するとよい。グループが困難な問題に取り組むのを避けている場合、分かれて違いを論じ合うディベートの形式としてみる。二チーム（必要があれば、さらに多くのチーム）に分け、実際にディベートを行う。これにより差異が際立ち、表面化していなかった対立を集団が認識できるようになる。

・対立が熱い場合も冷たい場合も

その目標は妥協ではなく、溝を埋めて新たな選択肢や解決法を創出することである。溝を埋めるとは、対立していた者たちに連帯感を持たせ、信頼できる関係を構築することだ。創出においては妥協とは異なり、何らかの新たな解決法や可能性が立ち現れる。

対立の解消とは一夜にして思いつくものではなく、時間と手間と振り返りの作業を必要とする。あなたがいま、対立の真っ只中にあり、それに対処するスキルをまだ備えていないならば、第三者や専門家の調停に頼ることを検討しよう。とはいえ、緊急行動が必要な激しい直接的対立のなかでこれを読んでいる場合には、以下のアドバイスを念頭に置くとよい。

①時間を味方にして、協力者を集める。慌てて行動してはならない。危険にさらされていない限り、どのような選択肢があるかをしっかり確認しよう。さもなければ、後悔するよう

な発言や行動をしてしまいかねない。

②目標を決め、それに集中する。他のことに気を取られず、重要なことに専念する。

③名指しで責任を追及することは避ける。人ではなく問題に集中する。

④独善的にならないように注意する。偏見のない心を保てば、何か価値のあることを学べると気づくかもしれない。

⑤すべてを聞いたうえで、対応は選択的に行う。ただし、すべての点に対処する必要はない。見解の相違をもたらしている部分にのみ取り組む。

⑥どちらにつくかを判断する前に、十分に吟味する。反対側の話をもれなく最後まで聞かないうちは、何か話したり行動を起こしたりしてはならない。目下の状況を確実に把握する前に、急いで結論を出してはならない。

⑦第三者に入ってもらうことを検討する。その対立に巻き込まれていない人が、双方にとって重要な視点を提供できるかもしれない。

⑧対立する相手側に自分のことを知ってもらう。防御を緩めて相手側の人物を招き入れることが、自分の見解を理解してもらうのに役立つかもしれない。

⑨「温度」を確認する。対立がまだ熱すぎる場合は、すぐに解決しようとしてはならない。少しクールダウンした時に改めて話し合うという合意を取る。

⑩「自分が他の人からしてもらいたいように、他の人にしてあげなさい」という黄金律を守る。礼儀正しく、思いやりを示すこと。そうすれば、相手側も同じようにしてくれるかもしれない。

対立に対処する能力には、あなたのリーダーとしての資質が表れることを忘れてはならない。対立が熱すぎも冷たすぎもしない時こそが、最善の学習機会となる。リーダーとして、あなたは今後も対応すべき対立に必ず直面することだろう。温度をコントロールする術を学べば、いずれやってくる次の対立に、準備万端、かつ、創造的に対処できるようになる。

マーク・ガーゾン（Mark Gerzon）
メディエーターズ財団理事長。著書に*Leading Through Conflict: How Successful Leaders Transform Differences Into Opportunities*（未訳）がある。

1. To Resolve a Conflict, First Decide: Is It Hot or Cold?

2

ストレス・コミュニケーションの対処法

ホリー・ウィークス
Holly Weeks

"Taking the Stress Out of Stressful Conversations,"

HBR, July-August 2001.

ストレス・コミュニケーションは日常茶飯事

私たちの生活には対話が欠かせない。人間とはそのような動物である。無駄話や雑談に興じ、噂話や冗談を飛ばす。時には「ストレス・コミュニケーション」(Stressful Conversations)に陥ってしまうことがある。それも案外多い。人はちょっとした言葉のやりとりで、通常では考えられないほど傷ついたり、苦悩したりする。ストレス・コミュニケーションは、避けて通ることのできない人生の課題なのである。

ビジネスの世界では、部下にクビを宣告する場面から、不可解なことに称賛を受ける場面まで、ありとあらゆる場面で遭遇する。そして、常に「重たい気分にさせられる」ことから、通常の会話とはその性質が異なる。

ストレス・コミュニケーションは、自分自身に、あるいは相手に、当惑、混乱、不安、怒り、心痛、恐怖といった感情を呼び起こす。これらを嫌って、「とにかく避けるに限る」と考える人も多い。このような方針もあながち間違いとは言い切れない。たしかに、戦うべき時機の見極めは、事に処するうえでの鉄則の一つだ。

2. Taking the Stress Out of Stressful Conversations

しかし、問題と対峙するのを避け、気難しい相手をなだめ、対立を和らげることに終始していては、後々禍根を残す場合もありうる。このような逃げの姿勢では、問題や関係をかえって悪化させてしまうことが多々ある。

ストレス・コミュニケーションは、かくも頻繁に起こり、苦痛を伴うというのに、なぜ改善の努力がなおざりにされているのか。

その理由は、当事者の感情が拘束状態に陥っているためである。渦中にあっても混乱をきたしてさえいなければ、「あつれきはあって当たり前、解決の糸口はきっとある。少なくとも、何とか切り抜けられるはずだ」と冷静に受け止めることもできる。しかし、感情が千々に乱れていると、ほとんどの人がバランスを失ってしまう。まるで、白熱した試合で完全に包囲されたクォーターバックのように、トライへの望みが断たれた状態である。

私は、米国の先進企業や大学において、二〇年間にわたって「ストレス・コミュニケーションにおけるコミュニケーションのあり方」について講義し、ワークショップを主催してきた。この間、教室を実験室に見立てて観察してきたが、感情にまつわる話題を理路整然と話せる人はほとんどいないことがわかった。まるで、話術すべてが窓から飛び去ってしまったかのようで、問題の真相もその解決策もまともに検討できないことが多い。

とはいえ、ストレス・コミュニケーションを改善する方法はある。私の見解では、確たる自覚を持ち、事前に入念なリハーサルを積み、効果的な三つのコミュニケーション・テクニックを駆使すれば、その種の会話に対処できる。

ただし、誤解しないでいただきたい。けっして、標準的なアプローチがあるわけではない。あまりに多くの不確定要素が存在し、緊張も極限に高まっているため、難局に陥った者同士のやりとりは一様ではない。

しかし、ストレス・コミュニケーションのほとんどが個別の問題を抱えているにもかかわらず、どうやら基本会話の合成物――それは限られた数のようだ――に見える。本稿では、これらの問題をいかに予測し、対処すべきか、詳しく検討していきたいが、その前に、職場でよく見かけるストレス・コミュニケーションの典型例を三つ見てみることにしよう。

タイプ①「君に悪い知らせがある」

一般的に不愉快なニュースは、伝えるほうも聞くほうも、あまり気の進むものではない。伝える側は緊張してしまうし、聞く側もいったいどのような話なのか、不安に陥るものだ。

ある非営利団体の理事を務めるデイビッドの例を見てみよう。彼は、野心家の研究者ジェレミーと話さなければならなかったが、気が気でなかった。なぜなら、ジェレミーは、自分の業績を周囲の目よりもずっと高く見積もるタイプの男だからだ。そのうえやっかいなことに、それまでジェレミーは不自然なくらい高い評価を得てきた。その理由はいくつもある。

一つには、このような団体ならではの特徴があった。非営利団体には競争がなく、なれ合いになりがちな職場である。おまけにジェレミーは、自分の能力と学歴に強い自信を持っていた。そのうえ、ほんの些細な批判にもすぐ過剰反応を示す。デイビッドも含め、誰もが「仕事上障害となっているジェレミーの欠点」——これさえなければ、有能な人材なのだが——について、はっきり指摘しようと思わなかった。

たとえば、ジェレミーのユーモアはしばしば人を傷つけた。所属部署の内外を問わず、人の感情を害した。しかし、ジェレミーに直接そのことを指摘する者は一人もいなかった。そして、次第に一緒に仕事をすることを嫌がる職員たちが増えていった。こうして、長年にわたって批判されることもなく、ジェレミーの辛辣さはますます磨きがかかり、彼のスタッフですら彼を避けるようになった。

この種の会話は最初が肝心である。やり方次第では、その後もスムーズに運ぶ可能性が高い。しかし、最初でつまずくと、その後の成り行きに心を痛めるはめになる。まずは柔らかくいこうと、ソフトな会話から始める人が多い。デイビッドもやはり「ボストン・レッドソックスの調子はどうだい」と野球の話から切り出した。

ジェレミーはデイビッドの話の意図を誤解して、普段の尊大な態度を崩そうとしない。その様子を見て取ったデイビッドは、もはや持って回った言い回しをやめて直接対決する以外にないと感じた。たちまち、情け容赦ない会話に一変し、デイビッドはほとんど一人でまくし立てた。一方的な話が一段落した時、ジェレミーはじっと床を見つめていた。そして、黙りこくったまま部屋を後にした。

デイビッドは思わずほっとした。「面倒だったが、ジェレミーの逆鱗に触れることなく、案外簡単にカタがついたな」。しかし、それはとんだ見当違いだった。二日後、ジェレミーは、辞表を提出した。つまり、組織で培われたノウハウの蓄積が、そして一個の才能が失われる結果となったのである。

タイプ②「いったい何がどうなっているの」

突如、ストレス・コミュニケーションに直面することもよくある。夏の通り雨のように、何の前ぶれもなく出現した場合ほど最悪なものはない。衝突を嫌う人にとってはなおさらだ。会話中に感情が激昂し、四方八方に火花が飛び交う。しかも悪いことに、議論は正しい方向には進まない。まるで、屁理屈や神経過敏の黒雲に引きずり込まれていくようだ。

エリザベスとラファエルの例を見てみよう。二人は、大手コンサルティング・ファームで同じプロジェクトチームでリーダーの立場にある。プロジェクトでは、ありとあらゆる問題が発生し、かなりの遅れが生じていた。

これを挽回するために、二人はスケジュールを再調整し、翌週に控えている、うんざりするような仕事の分担を決めようと相談していた。その間、エリザベスは、要点をホワイトボードに書いたり消したりしていた。話が終わると、彼女はラファエルに向かって、まるで決定事項を伝えるかのように「以上です。いいですね」と言った。

それを受けて、ラファエルは、不満そうに口をぐっと結んだ。「あなたがそうおっしゃるのなら、そうなんでしょうとも」と言い返した。

エリザベスは、はっとした。すぐに頭をフル回転させていまのやりとりを反芻してみたが、なぜラファエルが気分を害しているのかがわからない。彼女には、ラファエルの反応が自分の発言のせいだとは思えなかった。

このような場合、通常誰しもラファエルの無言の非難を否定して、後ろめたい気持ちを感じながらも防衛に回るものだ。しかし、エリザベスは対立を避けたかったので、ここは一歩譲ることにした。慌てて、こうつけ加えた。「ラファエル、ごめんなさい。何かまずかったかしら」すると、「誰が君を責任者に任命したんだい」という答えが返ってきた。「いつから、私に向かって仕事を割り振る立場になったんだい」

こうして、ラファエルとエリザベスはややこしい会話に突入してしまった。何か行き違いがあったことは確実だが、エリザベスにはそれが何なのか理解できなかった。彼女は、不意打ちをくらったような心境だった。

仕掛かり中の仕事を進めようと意図した言動が、明らかに誤解されている。ラファエルの目には、エリザベスが仕事を仕切ろうとしていると映り、まるで自分が見下されたかのように感じたのだ。曖昧な言い方になるが、この会話の背景には、何やらこれら二人以外の人物が存在し、静電気による摩擦音のような見えざる力が働いているかのようだ。

エリザベスがラファエルに文句を言われた途端、「自分の落ち度のせいだ」と思ったのは、どういう幼児体験のせいなのか。また、ラファエルが、エリザベスが上に立って仕切っていると感じたのは誰の影響なのか。父親か、妻なのか。いずれにせよ、とりあえず場を仕切っただけのエリザベスに対して、ラファエルが見せた反応は過剰すぎるという印象を拭えない。

エリザベスは、ラファエルの憤慨の波に圧倒されて、また謝罪した。「ごめんなさい。じゃあ、どういう分担にすればいいのかしら」。こう譲歩すると、とりあえず緊迫した空気は和らいだ。しかし、対等ではない関係の前例をつくる結果となった。それは、エリザベスにとっても組織にとっても不本意なことだった。

悪いことに、この会話の後もラファエルとエリザベスは同じチームを組むことになり、立場の変化にいら立ったエリザベスが、三カ月後にはプロジェクトから外されるはめになった。

タイプ③「それは個人攻撃です」

次は、ストレス・コミュニケーションの攻撃的なケースである。心理的な刺激、レトリックなど、あらゆる手法を用いて、相手をたじろがせ、足元をすくい、さらには弱点を暴露したり、相手を卑下したりするといった類の会話である。

このような「かく乱戦術」は多種多様である。口汚くののしる、巧みに相手を操る、大声を張り上げるなど、実にさまざまだ。ただしすべての戦術が、誰に対しても引き金となったり、効を奏したりするわけではない。相手が怒り心頭に発するのは、かく乱戦術ゆえの結果ではなく、戦術と相手の弱点が重なった結果である。

ニックとカレンの例を見てみよう。両名はあるＩＴ企業のシニアマネジャーの職にあり、同等の立場にある。

カレンをリーダーとするチームが、あるクライアントにプレゼンテーションを行ったが、情報がいい加減なばかりか、内容もお粗末極まりないものだった。おまけにカレンも部下も、基本的な質問にさえ答えられなかった。

当初は我慢していたクライアントも、だんだん黙り込んでしまい、ついにはいら立ち始めた。プレゼンテーションがすっかり支離滅裂になりかけたところで、手厳しい質問を浴びせかけた。チームはうろたえるばかりで、無能さを露呈する一方だった。

ニックは、その日のプレゼンテーション・チームの一員ではなく、同席していただけである。彼は、カレンのプレゼンテーションの稚拙さを目の当たりにして、クライアント同様に驚いた。クライアントが去った後、彼はカレンに「いったい、どうしたんだい」と尋ねた。

すると、カレンは自己防衛の構えになり、逆にニックに食ってかかった。「上司でもないのに、変なおせっかいはやめて。私のやることなすこと、何にでもケチをつけるのだから」

カレンは敵意むき出しで、どなり続けた。ニックが口を開くたびに、カレンは非難や威嚇で対抗し、何とか彼の口を封じようとした。そしてこう言い放った。「あなたが困っている時に、誰にも助けてもらえず放っておかれる場面を、是非とも見てみたいものだわ」

ニックは理性を保とうとしたが、カレンの勢いは止まらない。そこでこのように言った。

「カレン、落ち着けよ。君はこっちの言うことを全部ねじ曲げているよ」

ニックの直面した問題は、カレンのさまざまなかく乱戦術ではなく、彼女の戦術（非難、歪曲、脱線）のすべてが攻撃的だったことである。それゆえ、カレンとの会話に敗北した場合、その賭け金（被る損害の度合）はかなり高くなる。ほとんどの人が、攻撃的な戦術には弱い。それがどこまでエスカレートするのか、まるでわかったものではないからだ。

ニックはカレンの攻撃をかわそうとしたが、彼の冷静な判断は感情的な言葉の前には無力だった。ニックの冷静なアプローチは、カレンの攻撃的なアプローチに敗れた。

その結果、ニックはカレンの仕掛けた罠に引っかかってしまった。特に、例の「クライアントの件で仕返ししてやる」というカレンの脅しには当惑させられた。彼女は、ただ虚勢を張っているのか、本当にそうするつもりでいるのか、まったく判断がつかなかった。

考えあぐねた末、彼はマネージング・ディレクターに相談した。実は、この上司はニックとカレンが自分たちの問題を協力して解決できないことにいら立ち、怒りさえ覚えていた。

結局、この口論をうまく処理する能力に欠けていた二人は、手厳しい報いを受けることになった。会社は、件のクライアントを失ったのは「二人のコミュニケーションの欠如が原因である」と判断し、二人の昇進を見送ったのだった。

ストレス・コミュニケーションに備える

以上の三つのタイプに対して、事前に備えることは可能だろうか。

①対応策を自覚する

まずは、自分が苦手とする相手と状況について自覚することである。デイビッド、エリザベス、ニックのいずれもが相手をコントロールすることに失敗したが、自分の弱点をしっかり自覚できていれば、もう少しましな結果になっただろう。

たとえば、敵意を苦手とするならば、その対処法を学んでおく。退却か反撃か、つまり黙って耐えるべきか、言い返すべきか、である。どちらがよいかは一概に言えないが、どのようにストレス・コミュニケーションに対応すべきかを自覚していれば、自分の弱点もよくわかるばかりか、対処法をマスターすることも夢ではない。

ニックの場合を思い出してみよう。彼にもう少し自覚があれば、「自分は、カレンのように攻撃的な言葉を発する相手に対して、頑なに平静を保とうとする」と予想できただろう。ニックの控えめな態度は、カレンに会話の主導権を与え、必要以上に自分の弱点を利用させてしまったのだから。

ニックは、ストレス・コミュニケーションの最中ではなく、静かな時間に内省し、「自分には、理不尽で攻撃的な言葉に耐えられない傾向がある」ことについて落ち着いて熟考することもできたはずである。

このように、弱点を自覚することで、事前の備えができる。カレンの予想外の非難に対してではなく、「自分は突然の攻撃に弱いのだ」という事実に対して精神的に備えられる。

誤解されやすいのだが、自覚することと際限なく内省することとは違う。そうではなくて、無意識に抱いている自分自身へのイメージを明確に言語化し、自ら確認するということだ。自分が苦手としているのはどのような類の会話や相手であるか、過去の経験から誰しもが心得ているものである。会話の困難な場面では、それが自分の苦手な状況もしくは苦手な相手ではないか、と自問してみることだ。

たとえば、自分は、横柄な相手には牙をむく傾向がありはしないか。自分は、無視されたと感じた時に黙り込む傾向はないか。これらの危険ゾーンを把握していれば、前もって弱点に備え、対応に工夫ができよう。

明確な自覚があれば、感情に流されて会話が成り立たなくなるといった事態を回避できる。

非営利団体の管理職であるデイビッドと尊大な部下ジェレミーの例を思い出してみよう。

ジェレミーの過去の振る舞いから推し量れば、デイビッドの会話の進め方——まずソフトに切り出し、それがうまくいかないと見るや急激にまくしたてるというアプローチ――では失敗してしまう。デイビッドは、会話の機会を二回に分ければよかった。まず一度目は、肝心の問題を提示する。ジェレミーの辛辣なユーモアと期待外れの業績について、彼自身の自覚を促すのだ。そして二度目に、じっくりと話し合う。

このような段階を踏んで問題処理にあたっていれば、デイビッドもジェレミーも、一方的にまくしたてる会話ではなく、双方向に会話を組み立てる時間が取れただろう。そもそも急を要する問題ではなかったのだ。デイビッドは性急に決着する必要などなかったのである。

実際、もしデイビッドにもう少し自覚があれば、自分の取ったアプローチがジェレミーの性格を考慮したものではなく、単に自分が衝突を嫌っていたためのものであるということに気づいただろう。

②友人相手にリハーサルを重ねる

ストレス・コミュニケーションで生じうる問題を具体的に予測するには、利害関係のない友人を相手にリハーサルを試みるとよいだろう。その際は、コミュニケーション上の弱点が自分と似通っていない友人を選ぶのがコツだ。できれば、聞き上手で、率直、しかも軽々しく個人的な判断を下したりしない人が望ましい。

まず、内容を伝えることから始める。口調や言葉を気にすることなく、本番の相手に伝えるべき内容を友人に語ってみる。たとえば、悪意のある口調で、おずおずと、皮肉な調子で、あるいは歩き回りながら、何でもよいから、ともかく口に出してみる。それから内容を反復しながら、重たい気持ちでないとすると、自分はどのようにしゃべるだろうかと想像してみる。友人が相手ならば、変に感情的になることもないので、都合がよい。そして、忘れないように、言い回しを書き留めておく。

次に、言い回しを微調整する。本番の相手に話すことを想定すると、どうしても高圧的になりがちだ。そのうえ、何を口にするにせよ、概してワンパターンなフレーズしか浮かばないものだ。そこで、「どのように言うのか、とにかく言ってみて」と友人に促されれば、不思議なほどスムーズに、しかもソフトに、効果的な言い回しが口をついて出てくる。避けなければならない表現に気を配れば、あとは言うべきことを言えばよい。

その際、併せてボディランゲージの練習もしておく。上がったり下がったりする眉。からみ合う両足。そして緊張からくる不自然な笑い（これは必ず誤解を招く）。これらの仕草は知らず知らずのうちに表れてしまうもので、きっと思わず吹き出してしまうだろう（**囲み**「会話マネジメントの三つの要素」を参照）。

ストレス・コミュニケーションをマネジメントする

ストレス・コミュニケーションに備えるために、自覚を高めたり、事前にリハーサルしたりすることは大事なことだが、それだけでは不十分である。次は、会話中にできることについて考えてみたい。「勝手に仕切るな」と言われたエリザベスの例を思い出そう。

エリザベスは、相手と向かい合った状況では落ち着いて考えることができなかった。しかし、そのような自分の傾向は把握していたはずであり、前もっていくつかの決まり文句を用意しておくべきだった。ここぞという場面で瞬時に活かせる台詞を仕込んでおけば、彼女は黙り込んでしまうことも、とっさの思いつきに流されることもなかっただろう。

この解決策は簡単に聞こえるが、実際の会話で即利用できる戦術を準備している人などまずいない。それだけに一考の余地がある。ストレス・コミュニケーションにうまく対処するには、まずこの準備不足を解消することが不可欠である。すなわち、新たなコミュニケーション・スキルが求められているのだ。このスキルは、命に関わるような場面で必要になるという点で、心臓マッサージを覚えることと似ている。

ではいよいよ、ストレス・コミュニケーションにおいて、実効のある三つのテクニックを伝授しよう。なかには、自分のスタイルにそぐわない言い回しも出てくるだろうが、それはあまり気にする必要はない。重要なのは、各テクニックの仕組みを理解することである。そのうえで、臨機応変に自分なりの言い回しを考えることだ。

テクニック① 相手を尊重する

デイビッドがジェレミーに否定的な評価を伝えた時、まず遺憾の意を表し、自分にも責任の一端があることを認めていれば、結果はかなり異なっていたに違いない。

たとえば、こんな具合だ。「ジェレミー、仕事の質がちょっと落ちているね。一つに、君のユーモアも同僚たちには辛口すぎるようなのだ。これについては、私にも責任の一端がある。

何しろ、この問題について率直に話すことをいままで先延ばしにしてきたのだから。君とは長いこと一緒に働いてきた仲間だし、一目置いてもいる」

このように、責任の一端を認めるテクニックは効果的な場合がある。会話の最初であれば、とりわけ有効である。相手を挑発することなく、話し合うべき難題に焦点を絞ることができる。ただ、このテクニックは、込み入った会話に万能かというと、そうではない。この場合は、デイビッドのジェレミーとの対話の雰囲気を調整する効果が期待できる。

問題を確認し合い、ジェレミーのことも認め、二人の間の絆を確認し、デイビッドの責任を明らかにする。ストレス・コミュニケーションにおいて、相手を尊重する気持ちを伝えるテクニックは、相手にすれば「寝耳に水」という場合には特に効果が大きい。

威厳のある態度で臨めるかどうか、それがストレス・コミュニケーションの解決を左右するカギとなる。そして、その成否は重大である。

結局、ジェレミーは退職してしまったが、その後、悪い噂を広めたり、インサイダー情報を悪用したりして、組織に損害を与える危険性もないとは言えない。デイビッドとの会話が耐え難いものであればあるほど、その危険性は高い。

テクニック② 言い直して矛先をかわす

第二のタイプで見たエリザベスとラファエルの会話の場合、ラファエルが過去のストレス・コミュニケーションを思い起こして、エリザベスの言動を誤解したことが一つの問題点だった。

エリザベスはラファエルを精神分析しようとしたわけではない。実際にそんなことをすれば、火に油を注ぐだけだっただろう。ではエリザベスは、この状況を和ませるには、どのように働きかければよかったのか。

エリザベスに必要なのは、ラファエルの過剰反応に潜む原因を把握するテクニックではなく、単にその場で適切な対処をするテクニックだった。「ラファエル、どうしてあなたがそのように取るのか、気持ちはわかるわ。でも、私はそういうつもりで言ったのではないの。さっきのリストの話に戻りましょう」

私はこれを「明確化の技術」(clarification technique)と呼んでいるが、事態を落ち着かせるには非常に有効である。これを使えば、エリザベスは自分の側から、対決の場面を合意の場面へと切り替えられたはずだ。

ラファエルの抱いた印象については議論せず、それはそれとして受け止める。どう思うかは彼自身の問題で、関知する必要はない。また彼女は、自分の意図したところをあれこれ言う必要もない。自分の意図に従って発言することが、彼女の責任範囲なのだ。そうしたうえで、会話が中断されたところに話を戻せばよい（**囲み**「気持ちを言葉にして確実に伝える」を参照）。

このテクニックは、ラファエルの動機とは関係なく有効である。エリザベスの言葉をラファエルが無意識に誤解していたにしても、エリザベスはラファエルと争うつもりはない。彼女は相手の印象をいったん認めて、それを訂正する。相手がけんか腰になっても、なだめるために無理して同意する必要もない。間違いを認めて、言い直すだけだ。

そうすれば、どちらも面目を失わないず、失点もしない。脇道にそれることもない。

テクニック③ 言動と人格を区別する

ラファエルは、エリザベスを困惑させた程度だった。しかし、三番目の例では、クライアントへのプレゼンテーションで大失敗し、自制心を失ったカレンが、ニックにまっすぐ敵意をぶつけてきた。

カレンは、過去にも効き目のあったかく乱戦術を用いた。ニックは、それを避ける術を持っていなかった。それでもニックは、カレンの言動をその人格と区別して見ることはできたのではないだろうか。

たとえば、カレンの反応は彼女の性格の問題ではなく、かく乱戦術にすぎないと見るのだ。もしカレンのことを、歪んだ性格の、敵意に満ちた怖い人間と思ったところでどうなるというのだろう。他人の人格にいったい何ができるというのか。そういう話だ。

しかし、ニックがカレンの言動を、「ただ、以前うまくいったかく乱戦術をまた持ち出してきただけだ」と考えられれば、それに対処するテクニックも見えてくるだろう。

相手の戦術を無効にするには、それをはっきり指摘することが一番である。はっきり見抜かれた戦術をそのまま続けることは難しい。

たとえば、ニックが「カレン、一緒に仕事をするようになってだいぶ長いね。ただプレゼンのどこがまずかったのか、ちょっと言いようがないな。何が起こったのか、いまどうなっているのか、私の見方とあまりにも違うのでね」とでも言えば、ゲームの性格はがらりと変わる。

カレンを攻撃するわけでも、カレンの戦術にしてやられるわけでもない。そうではなく、かく乱戦術が会話の最大の問題だと指摘するだけである。

はっきり指摘することで、攻撃的な戦術の矛先を収めさせることができる理由はもう一つある。攻撃的な相手を見ると、執拗に、そして際限なく議論を吹っかけてくるような気がするが、そんなことはない。誰であろうと、ためらうことなく攻撃するにも自ずと限界があり、それを超えて攻撃し続けることには抵抗を覚えるものだ。

ニックがカレンの戦術を指摘しなければ、カレンは無意識に（あるいは無意識のふりをして）かく乱戦術を用いるだろう。しかし、ニックがはっきり指摘すれば、同じ戦術を続けるにはカレンはより激しく攻撃しなければならなくなる。

すでに限界に近づいていれば、不安にかられ、それ以上は続けられないはずだ。ニックがカレンを制止できなくても、彼女自身が自ら攻撃を止めることだろう。

備えあれば憂いなし

誰もがストレス・コミュニケーションは不可避と考えている。事実、その通りだ。とはいえ、いつも気まずい結果に終わるわけではない。最後に、ジャクリーンの例を紹介しよう。

あるエンジニアリング会社で、彼女はただ一人の女性幹部であり、女性蔑視の発言を毛嫌いしている。しかし、社内のある取締役は、わざと鈍感に振る舞っていた。その取締役リチャードは、ジャクリーンを「君はフェミニストだ」と言って何度もからかっていたが、ある時ついに性差別的なジョークを口にしてしまった。

似たようなことは前にもあったし、ジャクリーンは複雑な気持ちが湧き起こるのを感じた。しかし、それがストレスとして跳ね返ってくることを重々承知していたため、すでに心の準備はできていた。

まず、ジャクリーンはそのジョークをしばらく無言で聞き流し、静かに本題に戻った。リチャードはというと、からかいの矛先を収められず、エスカレートした。「どうした、ジャクリーン。ジョークだよ」。とうとう、ジャクリーンはすっくと立ち上がり、そしてこう言った。「リチャード、あなたにとっては取るに足らない冗談なのでしょうけど、私はやり切れないわ」

それ以上、何も言う必要はなかった。リチャードがさらにエスカレートしていたら、その面目を失っていたことだろう。事実、彼はギブアップした。「ああ、いたずらがまた嫁さんにバレないようにしないとな」と、にやつくだけだった。ジャクリーンは無言のままだ。言うべきことは言った。ことさら相手を追いつめる必要はない。

ストレス・コミュニケーションに対処するのは容易ではないが、ジャクリーンのように自分の弱点を自覚し、問題を処理するテクニックを磨けば、上手に対処できる。

本稿で述べたアドバイスやテクニックは、ストレス・コミュニケーションを和らげるのに役立つだろう。あとは、実際に使ってみるしかない。あるテクニックがだめなら、別のテクニックを試してみる。まずは、不自然にならないような言い回しを用意しておく。そして練習を重ねる。そのような努力があって初めて、自分に最も適したテクニックが見つかるはずだ。

ストレス・コミュニケーションは避けて通れない難題である。とはいえ、適切な対処を準備できれば、切り抜けることは十分可能である。

ホリー・ウィークス（Holly Weeks）
ライティングワークス・アンド・スピーキングワークス社長。独立コンサルタントとして活躍する一方、ハーバード大学ラドクリフ・カレッジで教鞭を執る。

会話マネジメントの三つの要素

ストレス・コミュニケーションの対処法は、会話を成立させるうえで欠かせない次の三要素に還元できる。①内容、②中立性、③抑制、である。これらは、優れたコミュニケーションにおける基本要素でもある。この三つをマスターすれば、一触即発に瀕している会話でさえ、うまく乗り切れる確率がぐっと高まるだろう。順に見ていくこととしよう。

①内容を明確にする

まず、内容を明確にするには、実用的な言葉を用いることである。婉曲な言い回しや、持って回った表現は好ましくない。意図するところをはっきりと伝えるべきだ。たとえば、「エミリー、おたくのご家族にとって、お父さんはサマーセット・バレー（高級養護老人ホーム）に入ってもらうのが一番でしょう。でも、残念ながら、予算が足りません」といった具合だ。

あいにく悪い知らせの場合、明確な内容を直截に伝えるのは特に難しい。ストレス・コミュニケーションになりそうな場合、酷な気がして、ついお茶を濁してしまいがちだ。そこで、こんなふうに言ったりする。「ああ、ダン、このポストがどうなるかは未定だが、今後の可能性も視野に入れておくつもりだ」

だが、希望する昇進がだめになったことを告げる場合、あまりに持って回った表現だと誤解を招きかねない。忌憚なく述べる。これ自体が無慈悲なわけではない。

慈悲深いか否かを決めるのは、伝えるべき内容ではなく、その伝え方にある。外科医や僧侶、警官に尋ねてみるとよい。伝える際の表現が優れていれば、知らせ自体は悪いものでも、相手も何とか耐えられるものだ。

たとえば、「別の者が昇進した」ということを上司が部下に直接伝える場合、その内容はきわめて不快なものだろうし、悲しみ、怒り、不安といった感情が湧き起こるのも当然だろう。

しかし、明快に伝えたほうが、相手もその対応を考えやすい。実際、内容を明確化することは、重荷を増すどころか、相手の肩の荷を軽減する行為なのだ。

②中立性を保つ

雰囲気とは、ストレス・コミュニケーションにおける非言語的な部分を意味する。言葉の抑揚、表情、意識的あるいは無意識的に表れるボディランゲージなどである。

激情にかられた場合、中立的なムードを維持するのは難しいが、ストレス・コミュニケーションにあっては、なるべく中立性が望まれる。

NASAの例は一つの模範である。NASAはどんなに厳しいメッセージであっても、常に変わらない平静さで内容を伝える。たとえば、こんな具合である。「ヒューストン、問題が発生した」

この種の中立性を身につけるには、しかるべきトレーニングが必要ではある。しかし、会話が緊迫してきた場合には、努めて中立性を心がけるのが最善の策と言えよう。

③抑制した表現に努める

最後は、抑制の効いた節度ある表現である。言葉は無限に広がるもので、言うべきことを伝える選択肢はいく通りもある。抑制の効いた表現もあれば、相手を逆上させるだけで何一つ伝わらない言い方もある。

たとえば、米国で最も険悪な表現は、訴訟の可能性をちらつかせた表現である。「四月二三日までに小切手をいただけない場合、当方の顧問弁護士に連絡するしかありません」

この種の言い回しは、総じて相手を激昂させるものだが、もともと緊張関係にあった場合はなおさらである。

しかし、ストレス・コミュニケーションの対処法は、相手を言い負かすことや敵対するためのものではない。双方で検討を進めること、正確に聞き、正確に伝えること、そして有益な対話を交わすことが本来の目的である。

したがって、今後誰かに「話に割り込まないで」と怒鳴りたくなったら、こう言ってみてほしい。

「もう少しだけ待っていただけませんか。考えがまとまっているうちに、最後までお話ししたいのです」

抑制の効いた表現は、ストレス・コミュニケーションを和らげるのに一役買うはずである。

気持ちを言葉にして確実に伝える

ストレス・コミュニケーションでよく見られるのは、自分の言い分しか頭にないというケースである。感情のメーターが上がるにつれて、自分の言わんとすることを相手も理解してくれるはずだと錯覚し始める。つまり、自分の意図は当然伝わっていると決め込んでしまうのだ。

ある研究によれば、ストレス・コミュニケーションにおいて、ほとんどの話し手が――その話し方とは関係なく――自分の話は好意的に受け止められていると思っているそうだ。しかし、話し手が意図するところが、ありとあらゆる人に伝わるはずがない。ましてや、ストレス・コミュニケーションでは言うまでもない。

この点を理解するために、誰かから「悪い意味に取らないでほしいのだけど……」と言われた時のことを思い出してみてほしい。決まってこう反応する。それは本心からかもしれないのに、ほとんどの人は反射的に心を固くする。多少なりとも攻撃的もしくは批判的な言葉を予想してか、つい身構えてしまう。

ストレス・コミュニケーションに関する単純な法則が一つある。

「人間は、言葉と矛盾する意図を表現することはできない。したがって、言葉が意図を表現する」

特に、ストレス・コミュニケーションにおいて重要なのは、「どのような言葉で表現するか」である。自分がどのような意図を持っているのか、どのような感情を抱いているのかではない。

とはいえ、会話の当事者には尊重すべき感情や意図がないという意味ではない。もちろん、それは誰にでもある。しかし、ストレス・コミュニケーションに対処することの目的とは、双方の意思疎通を図るためであり、どちらか一方の意図を通すことではない。

もちろん会話が込み入った場合、「ここまではっきり言いたくはないが」と思うことが誰にもあるだろう。あえて明言は避け、何とか相手に察してもらえないものかと願うものだ。

しかし、このような責任の分担は間違っている。この論法だと、正しく伝えるのは話し手の責任ではなく、聞き手がうまく察しなくてはならないことになる。

どのような会話でもそうだが、ことにストレス・コミュニケーションの場合、話し手には自分の言うべきことを確実に相手に伝える責任がある。

結局のところ、部下に——であろうと——はっきり伝えたほうが、管理職としてずっと堂々としている。

「コリー、君にデスクを用意しておいたよ。転職の斡旋期間は六週間だ。七月末には、退社してもらうことになったのでね」

逆に、相手にこちらの意図を察してもらうよう仕向けるのは、逃れようのない苦悩をいたずらに長引かせるだけである。

3

やっかいな人物に対処するコツ

Harvard Business Review Emotional Intelligence
DEALING WITH DIFFICULT PEOPLE

トニー・シュウォーツ
Tony Schwartz

"The Secret to Dealing with Difficult People: It's About You,"
HBR.ORG, October 12, 2011.

被害者意識にとらわれず、現実を見るために

職場に、いつもあなたを悩ませる人物はいないだろうか。話を聞かない。あなたの業績を横取りする。くだらない問題であなたの時間を無駄にする。自分は何でも知っているかのように振る舞う。自分のことしか話さない。常に批判ばかりする。

人間とは、人から評価され尊重されていると感じたがる存在である。中核にあるこの情緒的ニーズが満たされない場合、私たちは非常に不安になり、平穏さと安全性、幸福が脅かされたように感じる。最も原始的なレベルで、生存自体が危ういと感じられることがある。

あなたが苦慮している人物が上司である場合には、特にそうだ。問題は、他者の監督責任者となった時、人間の最善の面が引き出されることはまれだということだ。

一八八七年にジョン・アクトンは、「権力は腐敗しやすい。絶対的権力は絶対に腐敗する」と述べた。「権力者を神聖化することほど悪いものはない」

軽んじられたと感じた人間は被害者の役を演じがちであり、これは魅惑的な選択肢である。自分が感じたことの責任を他者に負わせるのは、自己防衛の一形態だ。何か問題が起ころうと

も、それは自分のせいではない。責任を放棄すると、一時的には気持ちが楽になる。

被害者を演じることの問題点は、自分が周囲に及ぼす影響力を譲り渡してしまうことだ。自分を悩ませる人については、残念ながら彼らを変えることはできないという残酷な真実がある。変えられる可能性のある人物とは、自分自身だけなのだ。

人は誰もが自分の既定値のレンズを通して世界を見ている。私たちはそれを現実と呼ぶが、実際には選択的フィルターをかけた世界である。しかし人間には他のレンズを通して世界を見る力がある。自分が負の感情を既定値にしていると気づいたら、以下のレンズを試してほしい。

①現実的楽観主義のレンズ

このレンズを使用するには、ひどい扱いや不当な扱いを受けたと感じた時に、二つの単純な問いを自問する必要がある。第一に、「この状況における事実は何か」。そして第二に、「これらの事実に関して自分がどのようなストーリーを組み立てているか」である。

この区別により、自分の体験にただ反応するのではなく、自分の体験の外に立つことができる。また、現在自分が語っているストーリーが、必ずしも自分の状況の唯一の見方ではないという可能性に気づくことができる。

心理学者のサンドラ・シュナイダーが用いた「現実的楽観主義」という言葉は、所与の状況に関して、事実を歪めない範囲で最も望ましく力が湧くようなストーリーを自分に語ることを意味する。攻撃されているという感覚への既定の反応を乗り越えて、自分にとって最終的によりよいと思われるもう一つの状況の見方がないかどうかを探るのである。これを発見するもう一つの方法は、「ここで自分が取ることのできる最善の行動は何か」と自問することである。

②逆のレンズ

このレンズは、あなたを悩ます人物のレンズを通して世界を見る。自分自身の観点を犠牲にしろということではなく、自分の観点を広げようということである。

あなたがやっかいだと思う人物は、あなたとは異なる仕方で世界を見ていることはほぼ間違いない。逆のレンズでは、「この人物は何を感じているか、その感じ方にもっともなところはないか」、あるいは「これらのすべてにおいて自分に責任のあることはないか」と自問する。

直感に反するかもしれないが、脅かされたと感じた時に自分の価値を取り戻す最強の方法は、自分を軽んじていると感じた人物の観点を正しく理解する方法を見つけることだ。これは共感と呼ばれる。あなたがそうであるように、他者も、配慮され尊重されたと感じた時によりよい振る舞いをする傾向がある。通常、最初に悪しき振る舞いを誘発するのは不安感であることを考えれば、それは特に言えることだ。

③長期的レンズ

時には他者に関する最悪の懸念が正しいと判明することがある。あなたを理由なくいじめるような人物の場合、彼らの視点から世界を見ても何の役にも立たない。その人物はあなたの業績の横取りをやめないだろう。

現在の状況が間違いなくひどいものであっても、長期的レンズは現在を超えたところによりよい未来像を提示してくれる。次のような自問から始めるとよい。「いま起こっていることをどう感じるかにかかわらず、自分はこの体験からどのように学んで成長できるだろうか」

その時はひどいと感じたことが、数カ月後には些末なことに思えたり、実際に重要なチャンスや新たなよい方向に向かうきっかけとなったりした経験は何度もあるはずだ。

私の最後の上司となった人物から解雇された時は悲惨な気持ちだったが、これが私をぬるま湯から追い出すこととなった。いまにして思えば、私はそこから抜け出す必要があったのだ。

現在、私が過去を振り返って自分に語るストーリーはこうだ。この上司のすべての欠陥のおかげで、私は彼から多くのことを学び、現在そのすべてが非常に役立っている。彼の視点から見ると、なぜ自分が従業員として問題があると見なされたのか、いまは軽んじられたという感情を抱くことなく理解できる。

最も重要な点は、解雇が私に会社の設立を決心させたということである。そのおかげで私は、これまで経験したどの仕事よりも幸福に働ける会社を、現在経営しているのである。

トニー・シュウォーツ（Tony Schwartz）
グローバルなコンサルティング会社、ジ・エナジー・プロジェクト社長兼CEO。著書に*The Way We're Working Isn't Working*（未訳）がある。

Harvard Business Review
Emotional Intelligence
DEALING WITH DIFFICULT PEOPLE

4

意地の悪い同僚にどう対処するか

エイミー・ギャロ
Amy Gallo

"How to Deal with a Mean Colleague,"
HBR.ORG, October 16, 2014.

行動を起こさなければ、状況は変わらない

意地の悪い同僚にどう対応すれるかは難しい問題だ。攻撃をやめてくれることを期待してやりすごす人もいれば、やり返す人もいる。自分が同僚から嫌な思いをさせられた時、どうすればやめさせることができるのだろう。行動が改まらなかったり、さらに悪化したりした場合、相手がいじめを楽しむ本物の卑劣漢だと見極める方法はあるのだろうか。

いじめについての前提

あからさまないじめをする者から、単に無礼なだけの者まで、「職場での悪質行為と言っても、その程度はさまざまです」。エグゼクティブコーチであり、『ハーバード・ビジネス・レビュー』（HBR）の最近のウェビナー「いじめ、嫌がらせ、その他の迷惑行為――職場の問題人物の特定と対処法」[注1]の主催者でもあるミケーレ・ウッドワードはこう述べる。

どの種の人物を相手にしているのかは、その振る舞いに対応してみるまでわからないことがある。職場いじめ問題研究所の創設者で『職場でのいじめ』[注2]（未訳）の著者である、ゲリー・

ナミエによると、いじめを楽しむ者である場合は、その人物に行いを改めさせるのは不可能ではなくても非常に難しいと言う。

しかしたいていの場合、あなたが行動を起こすことは可能であり、またそうすべきである。「解決法はある。あなたは無力ではないことを知ってほしい」と、ウッドワードは述べる。攻撃的な同僚に対応する時、検討すべきいくつかの戦術を以下に示す。

相手側の理由を理解する

第一歩は、その行動を引き起こしている原因の理解である。南カリフォルニア大学マーシャル・スクール・オブ・ビジネス准教授のナサナエル・ファストの研究では、人は自我が脅かされた時に行動に出るという一般に見られる事実を裏付けている。(注3)「権力を持つ人が能力を疑われた時、弱い立場の人に対して攻撃的になることがよくあります」

ナミエもこれに同意して次のように述べる。「高いスキルを持ち人望の厚い人物が最もターゲットとなりやすいのは、まさに彼ら自身が脅威を感じさせてしまうからです」

したがって、攻撃者の自我をなだめることが有効かもしれない。ファストは次のように説明する。「私たちの研究では、部下が上司に感謝の気持ちを表すと、問題行動が沈静化する傾向が見られました」(注4)。メールの最後に「お力添えありがとうございます」と加える、自分が本心から称賛できることでその人物を褒めるなどの些細な行動でも、効果があるという。

自分を振り返る

これらの状況は、内省をも必要とする。ウッドワードは、「あいつは嫌な奴だ、と決めつけるのは簡単だ」と述べる。しかし、競争の激しい文化や、礼儀正しさなど後回しの環境によるものかもしれない。相手の言動を間違えて解釈していないか、過剰反応ではないか、あるいは、知らないうちにそうした行動を誘発していなかったかを考えてみることも必要だ。

その人物が脅かされたと感じるような、あなたを不誠実だと思うような原因をつくらなかっただろうか。それを自分で判断するのは難しいので、信頼のおける、自分が聞きたくないことも含めて真実を語ってくれそうな人物にセカンドオピニオンを求めるとよい。

ただし、自分を過剰に責めてはならない。「相手を脅かさないように振る舞うのも大事だが、踏まれるがままになってもいけない。バランスが重要です。踏まれたままでいると、攻撃はエスカレートする一方です」とファストは言う。ナミエも次のように同意する。「いじめのターゲットになる人は、通常、自らに非はないのに自分の責任だと考えてしまうのです」

毅然と抗議する

悪しき振る舞いを指摘するのを恐れてはならない。「その場で改めさせることが有効です」とウッドワードは述べる。「会議で誰かから『ハニー』などと呼ばれたら、即座に『そのように呼ばれたくはありません。名前で呼んでください』と言いましょう」

皆の前で切り返すのが難しい時も、できる限り早く対応するようウッドワードは勧める。会議の後に呼び止め、「『ハニー』と呼ばれたくはありません。屈辱的な言い方です」と言い、あなたをそのように扱ってよいことは一つもないとはっきり示すのである。「伝えるべきメッセージは、私を軽く見るならただではおかない、ということです」とナミエは述べる。

助けを求める

「誰もが職場で同盟関係をつくるべきです。同僚、上司、部下、誰であれ、あなたの味方になって擁護してくれる人が必要です」と、ウッドワードは述べる。彼らに相談し、単にあなたの見方を肯定してもらうだけであれ、代弁してもらうことであれ、彼らが支援できることを探すとよい。この状況を上層部の誰か、あるいは人事部に伝える必要があるかもしれない。しかしその前に、「関係のもつれを、まずはインフォーマルに解決しようと試す」ことを勧める。

会社にとってのコスト面を証明する

公式のアクションを取る必要がある場合、直属の上司から始めよう（その上司が攻撃者ではない場合）。しかし、問題をさらに上層部に上げる必要があるかもしれない。話を聞いてくれる上司がいる場合には、その問題の人物の振る舞いがいかに企業にとってマイナスかを中心に話すことをナミエは推奨する。「問題の振る舞いが、職場の士気やパフォーマンスに及ぼす悪影響について話しましょう」と、ファストは述べる。

一般に、企業内で個人的な訴えが聞き入れられることはまれであり、言った、言わないの争いとされることが多い。「感情的に傷つけられたという話ではなく、その人物が組織にどんな損失を及ぼしているかに論点を絞ることです」と、ナミエは勧める。

限界がくる前に辞める

以上のいずれも有効でなかった場合、次のことを検討しなければならない。野蛮で意地の悪い行動なのか、嫌がらせを受けているのか。いじめられている場合（ひどいものではなくても）、それが改まる可能性は低い。「いじめがやんだのを私が見たのは、問題の人物が公然と解雇されたケースだけです。制裁措置は効果がありません」とウッドワードは指摘する。

その代わり、あなたは自分を守る行動をとる必要がある。もちろん理想的には、シニアリーダーがその有害な人物をただちに解雇するべきことだ。しかし、ナミエもウッドワードも、そのようなことはめったにないと同意する。「士気や離職率、業績への影響が統計上明らかであるにもかかわらず、組織が措置を取ることは非常に難しい」と、ウッドワードは述べる。

職場でいじめを受けている状況で最も支持できる解決法は、退職すること（可能であるならば）かもしれない。職場いじめ問題研究所でオンライン調査を行ったところ、多くの人が経済的理由（回答者の三八％）よりもむしろプライドが理由（四〇％）で職場にとどまっているということがわかった。いじめを行う人物に勝たせないことを考えるよりも、自分の幸せを考えるほうがよいとナミエは述べる。

基本的な心得

やるべきこと：

- 大半の人は、脅かされたと感じたために職場で攻撃的になることを理解する。
- 過敏になっていないか、状況の解釈に間違いはないか、自問する。
- 不適切な行動に対して、その場で抗議する。

やってはいけないこと：

- 自分を責める。いじめを行う者は、高いスキルを持ち人望の厚い人物をターゲットに選ぶ。
- 非公式に解決を試み、自分の同盟から支援を得ようとする前に、上層部に報告する。
- 不必要に被害を受けたままでいる――いじめが続く場合、退職できるならばそうする。

ケーススタディ1：職場にとどまったため、被害を受け続ける

ヘザー・レイノルズは一一年前、アダムという獣医師が経営する動物病院に新しい職を得た。株式を購入して共同経営者となるつもりであった。最初は、アダムはヘザーが一緒に働いてく

れることを大いに歓迎していた。「彼は前向きで支援を惜しまず、励ましてくれました。私が加わることに大喜びでした」と、彼女は話す。数カ月後、ヘザーは病院の株式の半数を取得し、アダムのビジネスパートナーとなった。

しばらくはうまくいっていたが、一年ほどして小さな意見の不一致があり、その後アダムは六週間ヘザーに話しかけなかった。ヘザーが問いただすと、彼はヘザーをパートナーから外そうと考えていると述べた。ヘザーはショックを受けた。病院の株式購入のために彼女はローンを組んでおり、どうしていいかわからなくなった。

結局は元の関係に戻ったものの、ヘザーはすぐに、これがいつものパターンであることを学んだ。何か対立があるたびに、アダムは同じような行動を取った。「私が反対すれば、彼は私を冷たく突き放すでしょう。正面から対決すると、その状態はさらに長引きました」。ヘザーは最終的に、彼の自我をなだめればより効果的だと理解した。「彼は素晴らしい人物だとお世辞を言い、その問題で彼はよくやっていると認めれば、関係は修復されます。私は生き残るために、この茶番に付き合うことを学びました」

しかし、アダムのハラスメントはヘザーに犠牲を強いた。昨年、アダムは三カ月も彼女に話しかけないほど事態は悪化した。ヘザーはプロフェッショナル・コーチの支援を求め、そのおかげで、アダムがいじめをするナルシストであり、彼女のスキルに脅威を感じていることを理解した。昨年末、ヘザーが動物病院の持ち分を買い取ってくれる者を探していることを告げると、アダムがそれに応じた。「それが私にできる最善のことでした」とヘザーは述べる。「彼が本当はどんな人物かを最初に知った時に、辞めていればよかったと思います」

ケーススタディ2：悪しき振る舞いに抗議する

クリスティン・ジョンソンは、サンフランシスコに拠点を置くメディア企業で副編集長として働くことになり、新たな職務に心を躍らせていた。彼女が既存メンバーからなるチームを管理できるように、つくられたばかりのポジションだ。誰もが彼女を歓迎していたが、テリーという人物だけは別だった。「当時はわからず、後で知ったのですが、テリーはその役職に就きたかったのになれなかったことを恨んでいました」と、クリスティンは振り返る。

着任後の最初の数週間、テリーは攻撃的だった。「彼からの小さな攻撃を常にかわしていました」と、彼女は述べる。テリーは、クリスティンがどのように自分たちの仕事を監督し、どのようなプロセスでそれを実行するつもりか、自分は担当のプロジェクトでクリスティンとどのように関わるべきかなどを質問し続けた。

クリスティンは後から振り返り、これらのすべてが彼女を準備不足で無能に見せるように設計された質問だったことを理解している。「私は経験が浅かったため、こうした問いを『まだわからない』と突っぱねることができませんでした」

テリーは午前九時前に五〇通ものメールを開封確認付きで送りつけ始めた。一一時までに返信がないと、クリスティンがメールを読んだかを尋ねるメールを送信し始めた。「彼は常に私をせっつきました。実際、退職を考えたほどです。孤立無援に感じ、これが自分のやりたかった仕事なのかと思いました」と、彼女は述べる。

この嫌がらせが五週間続いた後、ついにスタッフミーティングでテリーに反撃した。「彼は執拗に質問を続け、私は冷静さを失いました」と彼女は述べる。「山のようなくだらない質問にはうんざりです。やめてもらえませんか」。ピシャリとはねつけると、テリーは引き下がった。

クリスティンは自分の行動にばつの悪さを感じたが、その後、彼女が自分の部屋にいると、皆がテリーに反撃してくれたことの礼を言いに立ち寄ってきた。「ささやかでも同僚からの支持を得た後は、私は彼と戦うことができるとわかりました」と、彼女は述べる。クリスティンがテリーの嫌がらせを黙って受ける気はないとわかると、テリーは退職した。「状況は改善し、いまでは友好的な職場になりましたが、スタートはひどいものでした」

＊ケーススタディにおいては、人物名と内容の一部を変更してある。

エイミー・ギャロ（Amy Gallo）
『ハーバード・ビジネス・レビュー』（HBR）寄稿編集者。*HBR Guide to Dealing with Conflict at Work*（未訳）の著者。職場環境の力学について執筆し、講演している。

Harvard Business Review
Emotional Intelligence
DEALING WITH DIFFICULT PEOPLE

5

受動的攻撃を仕掛けてくる同僚にどう対処するか

エイミー・ギャロ
Amy Gallo

"How to Deal with a Passive-Aggressive Colleague,"

HBR.OGR, January 11, 2016.

受動的攻撃――表立ってではないが確実に嫌がらせをしてくる

同僚が先日の会議で言ったことと違うことを言う。廊下ですれ違う時はあいさつもしないくせに、会議では議論をしてくる。そのことについて話そうとすると、何も問題はない、あなたの妄想だと言い張る――。

自分に受動的攻撃をしてくる同僚と働くのは、なんとイライラすることか。この行動と直接対決したほうがいいのか、あるいは無視するほうがいいのか。同僚が何もしていないふりをする場合、問題の核心に到達するにはどうすればいいのだろうか。

特にセンシティブな問題や直接に話し合いにくい問題の場合、互いに受動的攻撃を向け合うのは珍しいことではない。『場を掌握する』(注1)(未訳)の共著者であるエイミー・スーは、「誰でもたまに受動的攻撃をしてしまうことがある」と言う。

しかし、執拗な攻撃となれば別問題だ。テレオス・リーダーシップ・インスティテュートの創設者で『EQリーダーシップ』(注2)の共著者でもあるアニー・マッキーは、「自分に必要なものを獲得するためであれば、嘘も含めて何でもするという人々がいます」と述べる。このようなケースでは、あなたが、そしてできることなら相手もともに職務が果たせるように、特別な予防措置を講じなければならない。役に立つヒントを挙げよう。

相手の思うツボにはまらない

同僚が何もしていないふりをしたり、過剰反応だとあなたを非難したりする場合、怒って防御的になるのを避けるのは難しい。しかし、「こうした状況では相手と同じ手段で戦うべきではない」と、マッキーは述べる。できる限り冷静になろう。

「その同僚は、あなたが怒りを爆発させたら非難しようと待ち構えているかもしれないので、それでは相手の思うツボです」と、スーは説明する。「感情的に応じるとあなたが愚かなように見えますし、自分でもそう感じてしまうでしょう。ここは鷹揚に構えるべきところです」

その行動の動機を考える

日常的に受動的、攻撃的な振る舞いをする人たちは、根っからの嫌な奴とは限らない。人とのコミュニケーションの仕方を知らない、対立を恐れている、などの可能性がある。マッキーによると、受動的攻撃とは多くの場合、「健全な真の対立をせずに自分の感情のポイントを人に伝える方法」である。

自己中心的であることも原因だ。「彼らは、他者は自分の感情を知るべきであり、自分のニーズや選好は他者より重要だという誤った前提に立脚しています」

あなたはこのことを理解しなければならないが、ただし、同僚の問題点をすべて診断しようとしてはならない。「ただあるがままを観察しましょう」と、スーは述べる。「彼らが建設的に共有できずにいる非生産的な感情表現を、そのまま理解するのです」

自分の責任を果たす

その状況であなたにも非があるかもしれない。何らかの自分の行動が同僚の受動的攻撃のメカニズムに寄与してはいないか、その原因になってはいないかと自問しよう。「自分の側の責任を果たしましょう」と、スーは述べる。

また、自分も同じような行動を相手に向けていなかったか、その徴候を知ったうえで考察するとよい。(注3)「どんなに素晴らしい人間であっても、何かを先延ばしにしたり、避けたいと思ったりすることはあります。他者を傷つけるような形で感情が漏れ出しているかもしれません」

相手の言い方ではなく、内容に注目する

したくもないことかもしれないが、同僚の視点に立って状況を見てみよう。相手が皮肉を込めた言い方で伝えようとしている、根底にある考えや視点は何だろうか。「その人物があなたと共有しようとしている立場を分析しましょう」と、マッキーは述べる。同僚はあなたのプロジェクト運営方法ではうまくいかないと考えているのだろうか。あるいは、あなたのチーム目標に賛成できないのだろうか。

「誰もが自分の考えを公然と論じ、表現する方法を知っているわけではなく、また、そうしたいと考えているわけでもありません」と、スーは述べる。相手の自己表現の仕方ではなく、根底にある仕事上の懸念や疑問に注目できれば、本当の問題に取りかかることができる。

根底にある問題を理解する

いったん冷静になって生産的な会話ができるようになってから、その人物のところに行って

次のようなことを言うとよい。「先日あなたと話した時、よいことを指摘してくれました。あなたはこう言っていましたね」。これは懸念の実質的内容について話すのに役立つ。

相手と手を組むことで、エネルギーの向きが変わる可能性があると、マッキーは説明する。感情がどのように表現されたかを話し合うのではなく、事務的な態度でこれを行うのである。「有害な部分には耳を傾けたり信じたりしてはなりません。彼らは自分の意見を聞いてほしいだけかもしれません」と、スーはアドバイスする。

自分の言葉づかいに気をつける

何を言うにしても、その人物が受動的攻撃をしていることを責めてはならない。「それをするとあなたの目的が台無しになります」と、マッキーは述べる。スーも同意する。「相手にとってはうんざりする言葉です。すでに防御的になっている者に追い打ちをかけて、怒らせてしまうでしょう。レッテルを貼ったり批判したりしてはなりません」

マッキーはその代わりに、これまでのやりとりがどんなふうに展開していたかを詳しく述べ、それがあなたや、場合によってはその他の人々にどう影響したかを説明することを提案する。

できることなら、その行動が相手が気にかけている何か、たとえば、いかがでしょうか？チーム目標の達成にマイナスとなっていることを示せるとよい。

数を頼んで安全性を確保する

この状況に一人で立ち向かう必要はない。「他者に現実と合っているかチェックしてもらい、あなたがどうかしているわけではないと主張してくれる同盟をつくりましょう」と、スーは述べる。ただし、関係を改善する建設的な試みとして話し合うようにしないと、単なるゴシップや同僚への悪口と受け取られる。スーは、「あの人の言ったことをあなただったらどう受け取りますか。どう解釈するべきでしょう」というように尋ねることを提案する。

全員に向けたガイドラインを設定する

また、長期的解決を図るのに他者に協力を求めてもよい。「チームとして健全な規範を設定することができます」とマッキーは述べる。職場での不満に関しては率直に話し合うという同意を皆で形成しておき、あなたが望む誠実で直接的なやりとりを行えるモデルをつくるのだ。

また、互いに説明責任を負うようにさせることもできる。問題の同僚が合意を無視しがちであれば、誰が、何を、いつまでに行うことになったか、会議でメモを取るようにすると、取り組み事項が明確になる。最悪の攻撃者でも、同僚の建設的な圧力と公的説明責任に屈する可能性が高い。

極端にひどい状況では支援を求める

同僚があなたに執拗な攻撃や仕事の邪魔を仕掛けており、その状況へのあなたの解釈を外部の観察者が支持している場合は、さらに対策を進めるべきかもしれない。「同じマネジャーの下で働いているなら、支援を求めることができるかもしれません」と、マッキーは述べる。「多くの従業員が特定の行動に気づいています。私の職務遂行能力にその行動がどんな悪影響を及ぼしているか、お話ししたいと思います」などと、上司に話すとよい。

しかし、「この領域に進む時はくれぐれも慎重に」と、彼女は警告する。「あなたのマネジャーは問題の人物にだまされていて、同じ行動が見えていないとか、対立を避けたい気持ちが強くて問題行動を見ようとしない可能性があります」

自分を守る行動を取る

「職場でのあなたの仕事に相互依存性がある場合、自分が約束したことと期日を必ず守りましょう」と、スーは述べる。「重要なメールは他の人にも同報送信しておきます。会議では、問題の人物があなたの代わりに話したり、あなたを代弁したりすることがないようにします。会議の後で、同意事項と次にすべきことを文書化します」。マッキーも、記録を取っておくことを提案する。「必要な時に事例を提供できるように、具体的な行動を追跡しましょう。事実に反論するのは難しいものです」

マッキーはまた、その人物との共同作業はできるだけ避けることを推奨する。「接触を最小限に抑えます。一緒に働かなければならない場合は、グループで行うようにします」。そうすると、それほどひどい振る舞いはしにくくなる。習慣となっている同僚の受動的攻撃をやめさせることはできないかもしれないが、それへの自らの対応は制御できる。

基本的な心得

やるべきこと：

- 人間は通常、なぜそのような行動を取るかを理解する。おそらくは、ニーズが満たされていないからである。
- （たとえ伝え方は間違っていようとも）同僚が伝えようとしているメッセージに注目する。
- 一歩退いて、自分の行動が何らかの仕方で原因となっていないかと自問する。

やってはいけないこと：

- 冷静さを失う。落ち着いて事務的な態度で根底にある問題に対処したほうがよい。
- 受動的攻撃を向けてくる人物を非難する。それは相手を刺激するだけである。
- 同僚の振る舞いを自分が変えられると考える。

ケーススタディ1：同僚に公に責任を負わせる

ミッチ・デイビスはある公立高校の学生指導室で働いていたが、ある同僚のせいで彼の仕事は困難になっていた。「彼女は会議では計画に同意するのに、最後までやり遂げないことで妨害するのです」と、ミッチは説明する。同僚のサラは、「そんな同意をした覚えはありません」

「その計画が最終決定されたとは思いませんでした」などと言って抗弁した。ミッチがこれらの「誤解」についてサラと話そうとすると、いつも取り合わない。「彼女は忙しいとか、話している時間がないなどと言います」と、彼は説明した。

ミッチが自分とサラの上司であるジムに、この奇妙な行動のせいで特定のプロジェクトが完了していないと話すと、ジムも同じパターンに気づいていたと言った。彼らは協力して、サラにきちんと責任を負わせる計画を練った。「私たちは、ジムが会議の都度、各職務に関して誰が、いつまでに完了させる責任を負うことになったかメモしてくれる者（文書による記録係）を求めることにしました」と、ミッチは振り返る。ミッチが最初の記録係を申し出た。

このアプローチは効果があった。後でミッチがタスクリストを回覧すると、サラは言い訳ができなかった。彼女は会議の出席者全員に対して、説明責任があった。これでミッチは追加の仕事の心配がなくなった。「私にかかった手間は、同僚に腹を立てながら、彼女が完了させなかった仕事の断片を拾って回る時間よりも少なかったのです。おかげで私たちの部署は、より生産的になりました。なぜもっと早くこうしなかったのかと思うほどです」

ケーススタディ2：後からではなく、早めに支援を求める

ローマン・ブラインズ・ダイレクトのデジタルマーケティングのコンサルタントであるジェームズ・アームストロングは、かつて、あるデジタルマーケティング代理店で、八人からなるチームを管理していた。彼の部下の一人にバイオレットという女性がいた。彼女がこの代理店に入社した三カ月後に、ジェームズは昇進して彼女の直属の上司となった。彼女は、突然彼が上司となったことが明らかに気に入らない様子だった。しかし、「彼女は業績トップの非常に有能な従業員」であり、それまで二人は「同僚としてかなり協力的に働いてきた」ので、ジェームズは彼女がチームにいることを喜んでいた。

だが残念なことに、バイオレットは扱いが非常に難しくなった。どうしても必要な場合以外、ジェームズとコミュニケーションを取ろうとしなかった。ジェームズが提供した研修会にも参加しようとしなかった。彼の取り組みの「あら捜し」をした。「彼女は私の言うことなど評価していないと明示するため、あらゆる機会を利用しました」と、ジェームズは説明する。

バイオレットの態度に落胆したジェームズは、他のメンバーと同じように対応しようと決心

した。「直接的かつ明確に」対応するのである。一対一のミーティングで何か問題があるかと尋ねてみると、バイオレットは何もないと答えるが、その後も問題行動は続いた。

そこで、コーヒーを飲みに彼女を連れ出し、自分が知らないうちに彼女を脅かしたのではないか、違う仕方でマネジメントしてほしいと思うことはないかと尋ねた。バイオレットは「性格の不一致」があることを認めはしたが、それ以上会話を続けることはなく、職場ではジェームズを拒絶し続けた。他のメンバーからは、彼女がジェームズを「怠け者で無能」とまで呼んでいたと聞いた。

「この問題を上層部に上げることだけは、バイオレットのキャリアを傷つける可能性があるので、したくはありませんでした」と、彼は述べる。バイオレットは貴重なメンバーであり、彼女を守りたかったのだ。しかし、「すぐ上司に相談すべきでした」。ジェームズが最終的にそうした時、バイオレットは彼が重要なメンバーの管理に失敗し、業績悪化を招いたと指摘した。

一年経たないうちに、ジェームズもバイオレットも同社を自主退職したが、どちらにとってもよいことではなかった。ジェームズは、もう一度やり直せるならば、自分の上司にもっと早く話して、彼女の「有害な態度」をしっかり記録し続け、劇的な改善が見られなければ「躊躇なく」彼女を解雇するだろうと述べている。

＊ケーススタディにおいては、人物名と内容の一部を変更してある。

エイミー・ギャロ（Amy Gallo）
『ハーバード・ビジネス・レビュー』（HBR）寄稿編集者。*HBR Guide to Dealing with Conflict at Work*（未訳）の著者。職場環境の力学について執筆し、講演している。

5. How to Deal with a Passive-Aggressive Colleague

6

ストレスで疲れ切った同僚と付き合う方法

レベッカ・ナイト
Rebecca Knight

"How to Work with Someone Who's Always Stressed Out,"
HBR.OGR, August 07, 2017.

ストレスの深みにはまった同僚に何をすべきか

あなたの周りにも、いつもストレスで疲れ切って見える人がいるはずだ。仕事漬けで、プロジェクトの荷が重すぎ、ちょっとした息抜きもできないと言う。このような同僚と一緒に働くのは難しいことがあるが、おそらくあなたに選択の余地はないだろう。

ストレスに対処できない同僚とどのように付き合えばよいのだろうか。正面からその問題に向き合うべきだろうか、あるいは、その同僚が落ち着いて集中できるよう、何か他の手段で支援を試みるべきだろうか。そして、彼らが放つ有害な感情から、どうすれば自分を守ることができるだろうか。

誰もがストレスを感じている

人生にはストレスが付き物だ。「誰もが抱えきれないストレスに直面する時期があります」。『最高の自分を引き出す──脳が喜ぶ仕事術』(注1)の著者キャロライン・ウェッブは述べる。「こうした時期は、一〇分だけのことも、一〇日のことも、あるいは一〇カ月続くこともあります」

しかし、ある種の人々にとっては、「ストレスが習慣的パターン」となっている。彼らは常に「プレッシャーを感じ、限界まで働き、背が立たない深みにはまっています」。このような人物の近くで働くのは、本当に難しい。

しかし、「彼らを悪者扱いしてはなりません」と、『コミュニケーションの失敗』(注2)(未訳)の著者であるホリー・ウィークスは述べる。「こうした人物をどうすれば変えられるかと考えるより、状況を緩和する方法と、自分のためにできることについて考えましょう」

あなたが同僚を腹立たしいと思うにせよ同情するにせよ、もっと効果的にコラボレーションするためのヒントをここで紹介する。

批判的にならない

何よりもまず、自分があまりにも批判的になっていないかを確認する。「人のストレス耐性は千差万別で、あなたにとって有害なストレスが、他の誰かにとってはほどよく刺激的ということもあります」と、ウィークスは説明する。「ですから、あなたが心理学者でもない限り、誰かのストレス対処法を不適切だと判断することには問題があります」

同僚の気質を「性格上の欠点ではなく特徴と考える」ようにする。もしかすると、同僚は現代ならではの仕事の特性である「常時接続」に対応しているだけかもしれない。「かつては、帰宅したら翌日まで仕事を忘れられた時代がありました」。しかし現代人には「常時接続でなければならないというプレッシャーがあり、一部の人々には、その圧力が他の人々より大きく感じられるのです」。

相手のストレスを認める

ストレスで疲れ切っている人が「誰かが見ていてくれている、話を聞いてもらえている」と感じられるようにすることが重要だと、ウェッブは述べる。「『昨日は夜遅くまで働いていましたね。昨日だけではないようですが、調子はどうですか』などと話しかけましょう」。

そして、同僚がいつものようにさまざまなプレッシャーを並べ立てたら、「『それは大変そうですね』と応じてあげましょう。あなたが本当に大変だと思うかどうかは関係ありません。当の本人が感じていることを認めてあげることで、相手もあなたも前に進むことができるようになるのです」。

一方、「よく耐えられますね。この会社はあなたを死ぬまで働かせる気でしょうか」など、同僚を焚きつけたり、あおったりしてはならないと、ウィークスは警告する。何の役にも立たないからだ。代わりにもっと中立的なこと、「一度にたくさんの仕事をやりくりしているのですね」などと言うよう勧める。

相手を褒める

「ストレスで疲れ切った人を攻撃・逃避反応モードから抜け出させる」最善の方法の一つは、「褒めること」だと、ウェッブは言う。「その人は、事態を制御できず、無力で、見下されているように感じています」。そのため、褒めることは、「よりよい自分を取り戻すのに役立つ、簡単な方法なのです」。

職場での仕事ぶりを称賛することは、相手に別の自己イメージ、「有能で前向きな、その道のプロという自己イメージ」を与えることができると、ウィークスは付け加える。なるべく具体的なことを取り上げるとよい。たとえば、「先週のプレゼンは見事でした。冷静で落ち着いていて、クライアントも感心していましたよ」などだ。感謝は強力な介入手段となりうる。

「あなたが彼らをどう見ているかを伝えると、相手は実際にそのようになろうとするものです」

支援の手を差し伸べる

もう一つの戦略は、支援を申し出ることである。ウェッブは、「『私やチームの他のメンバーが、あなたのために何かできることはありませんか』と言うこと」を提案する。「できることが何もないという可能性はあります」。しかし、あなたの申し出が「相手が解決法を考えるきっかけになり」、「自分は一人ではないと感じる」ようになる。

ただし、いつでもどこでも利用できる「全面的な支援の申し出」ではないことは明確にしておくべきだと、ウィークスは述べる。「自分ができることについて、きちんと説明しておきましょう」。つまり、「私にできることにも限りがありますが、あなたが困っているなら手伝いたい」ということだ。

頼み事を小分けにする

ストレスで疲れ切った同僚に対応する時は、相手の「認知的負荷を減らす」方法を考えるべきだとウェッブは述べる。「同僚の消耗感に追い討ちをかけてはなりません」。たとえば、その人物へのメールを短くしたり、大きな依頼事項をいくつかの小さな段階に分けたり、管理しやすい単位に分割するといったことが考えられるだろう。「何か頼み事をする時は、うまく小分けにして提示しましょう」と、彼女は付け加える。

ただし、やりすぎは禁物だ。やってもらいたい仕事内容と同僚の力量を考慮して、どこかで「折り合いをつけ」なければならない。結局のところ、「あなたの仕事は、やるべきことをやること」である。

状況を教えてもらう

同僚の悩みが集中力に悪影響を及ぼしているように見え、健康すら心配になるようであれば、ウィークスは、もっと詳しく話してくれるよう働きかけることを勧める。「たとえば、『あなたのストレスレベルを1から10で表すと、どのくらい心配すべき状況ですか』と尋ねてみてください。本人にとって状況がどれほど深刻なのかは、外から見ているだけでは読み取れないのだと知らせるわけです」。その返答は、あなたを驚かせるものかもしれない。

「『そうですね、5くらいでしょうか』と答えたならば、救急車を呼ぶ必要はないでしょう。あるいは、妻ががんを患っていて、非常につらい状況にあることが判明するかもしれません」。だが、たいていの場合、ストレスの原因に「あなたが立ち入る必要はありません」。

ある程度の距離を取る

ストレスは伝染する可能性がある。そのため、「自分への影響を常に意識してください」と、ウェッブは述べる。「誰かが有害な空気をまき散らし、あなたのエネルギーを消耗させるようであれば、その人物と距離を取ったり、接触回数を減らしたりする方法を見つけなければなりません」。

もちろん、そう簡単なことではない。特に、同じ部署や同じプロジェクトに配属されているような避けがたい場合は、状況の明るい面だけを見るよう、ウィークスは推奨する。「たとえば、口数少なく、マイペースで、我関せずというタイプの人は、誰かが困っていようとあまり気にしません」と、彼女は説明する。「あなたは自分勝手に振る舞う人を好まないかもしれませんが、放っておいてもたいした問題ではないのです」

基本的な心得

やるべきこと：

- 自分に何かできることはないかと尋ねて、支援を申し出る。これはストレスで疲れ切った同僚の孤立感を緩和するのに役立つ。
- 褒めることで、同僚が自己イメージを改善できるようにする。
- 相手の認知的負荷を減らす方法を考える。たとえば、仕事をより管理しやすいサイズに小分けにする。

やってはいけないこと：

- 批判すること。同僚はあなたとは異なるかたちでストレスを表現するかもしれないが、それは必ずしも性格に問題があるということではない。
- 相手を焚きつける。単にストレスを感じているという事実のみを認識し、それを乗り越えられるよう支援したほうがよい。
- 消耗する。そうならないように、同僚との距離の取り方を見つける。

ケーススタディ1：支援の手を差し伸べ、別の視点を提供する

カロリ・ヒンドリックスは、世界中の人材と職のマッチングサービスを展開するジョブバティカルの創設者兼CEOである。以前はある会社で、不安障害を持つマーケティング担当幹部の上司だった。その同僚をジェニーと呼ぶことにする。ジェニーは「仕事によるストレスで消耗して疲れ切っており、パフォーマンス全体が悪化していました」と、カロリは振り返る。

「彼女が懸命に働いていることは、誰にでもわかりました。しかし、私には彼女の目の下のクマや神経過敏な様子、いら立ちも見て取れました」

ジェニーを批判するつもりは毛頭なかった。神経が高ぶりやすいだけだと考えた。代わりに、カロリは支援を申し出て、ジェニーがしなければならない仕事のなかでも手強い一つの大仕事ではなく、小さな部分について話をした。

「私は彼女に、掃除が必要な散らかった部屋をイメージするように頼みました。その部屋に入って、床のあちこちに散乱した衣服、ベッドの下にたまったキャンディの包み紙の山、そこらじゅうに積もったホコリを見るという想像をしてもらいました」

「そして私は、二つの選択肢があると言いました。一つは、あきらめて崩壊するに任せること、散らかったまま放置すること。もう一つは、最初に目についた靴下を一つ片づけて、きれいな部屋に一歩近づいたと気分をよくすること。一歩ずつ、一センチずつ、一品ずつ片づけていけば、少しずつ部屋に秩序を取り戻すことができる。そんなふうに話しました」

カロリは、このメッセージがジェニーに伝わったと言う。「彼女は小さな勝利を少しずつ報告するようになり、それがジェニーを幸せな気持ちにしているのがわかりました」と、カロリは述べる。「ジェニーのパフォーマンスは劇的に改善し、メンバーたちも再び彼女と気持ちよくコミュニケーションが取れるようになりました」

ケーススタディ2：ストレスで疲れ切った同僚に共感を寄せ、強みを褒める

ジャン・ブルースは働き始めた頃、ある消費者向け健康雑誌の発行と編集の仕事をしていた。「圧力鍋のような業界で、ストレスの大きい職場でした」と、彼女は振り返る。「何人ものお偉いさんが、職場のあちこちでふんぞり返っていました。雰囲気も非常に悪く、従業員は見下さ

れていました」。

最も親しい同僚（アビーと呼ぶことにする）は、仕事による過労で疲れ果てていた。「アビーはこれまで目覚ましい成功を収め、昇進を重ねてきたため、極度のプレッシャーにさらされていました」と、ジャンは説明する。ある時点から、アビーは「働きすぎで集中できなくなりました。ストレスでほとんど病的状態になったのです」

ジャンは、思いやりと心配から彼女に接近したことを覚えている。「『相当なプレッシャーにさらされているよね。どうやって対処しているの』。話をしているうちに、アビーはいろいろ打ち明けてくれるようになりました」

その後の会話で、アビーが「達成し、成功する」決意を固めていること、しかしストレス解消のために「休みを必要として」もいることがわかった。アビーは、「私ならできる。もっと長時間ハードに働けば、すべては解決するでしょう」という姿勢だった。

ジャンはこれに対して、彼女のスキルと能力を褒めた。「『あなたはどれも素晴らしい仕事をして、新設部門の責任者も務め、家庭には小さな四人のお子さんもいる。いま自分をどう感じているにせよ、あなたは途方もなく賢くて有能です。そのことは忘れないで。もし忘れそうになったら、私が思い出させてあげるから』と、私は言いました」

アビーはこのサポートに感謝し、二人の間にはやがて強いきずなができた。

現在ジャンは、企業と従業員が生産性、健康、幸福をうまく管理できるように支援するソフトウェアプラットフォーム、ミイクイリブリアムの創設者兼CEOである。

レベッカ・ナイト（Rebecca Knight）
ボストンを拠点とするジャーナリスト。ウェズリアン大学講師。『ニューヨーク・タイムズ』紙や『USAトゥデイ』紙、『フィナンシャル・タイムズ』紙にも記事を寄稿している。

7

切迫感に追い立てられる社員の管理法

リズ・キスリク
Liz Kislik

"How to Manage Someone Who Thinks Everything Is Urgent,"

HBR.ORG, August 02, 2017.

常に追い立てられているかのような行動を取ってしまうのはなぜか

仕事の遅い同僚や、慎重すぎる部下が仕事を終わらせるのを、しびれを切らしながら待った経験は誰にでもあるだろう。一方、逆の極端なケースとして、物事をさっさと解決したいと思うあまり、急ぎすぎたり、熱くなりすぎたりして、混乱を引き起こす人がいる。ともかくやり遂げたと言うためだけに、賢明とはいえない取引をしてしまったり、断固たる措置を取ったと言うためだけに、派生する影響を深く考えずに指示を出したりする。

問題なのは、そんな行動をする人は、過去にそのような行動を称賛されてきたのかもしれず、たとえそれが誤解だったにせよ、素晴らしい成功体験として記憶されているということだ。

本人が拙速だったせいで危機が生じたのに、瀬戸際で食い止めた行動が褒められたりする。切迫感が文化の一部になっているような組織では、リーダーであれ現場の社員であれ、速く動くことが必須条件のようになってしまう。

切迫感は多くのアクションを生み出すため、組織にとって問題だと認識しづらいのが難点だ。だがこれは看過できない。企業幹部の報告によると、前例踏襲やきまぐれによる、ただ速いだけの形式的で非戦略的な意思決定のために、一営業日当たり数千ドルの損失が出るという。

そんな損害を生じさせるとしても、切迫感で動く従業員は献身的で、たいていの場合、非常に生産的であることが多い。こうした切迫感の悪影響を緩和し、急ぎすぎる社員な拙速な仕事をやめさせ、適切な目標に集中させ、長い目で見てよい判断を下してから行動できるようにするためにはどうすればよいか。以下に実行可能な方法をいくつか紹介する。

自分の行動が仲間にどんな影響を与えるかを気づかせる

協力して働くことがいかに有益かを、当人を含む全員に示すとよい。私がともに働いていたあるアシスタント・バイスプレジデントは、何をやり遂げる必要があるかに関しては的確だったが、「それを完了し」「忘れ去る」ことに邁進しており、一方的なやり方で仕事を終了させることが多かった。自分の目標達成とタスク完了にだけ切迫感を持っていたので、一緒に働く相手としては不適切な個人プレイヤーと見られていた。

そこで私は、彼の上司に提案した。彼にコラボレーションの重要性を認識させることと、「影響評価表」のようなものを書かせることで、他の関係者との交流や協力を促すことを意図した。ようやくその上司は、彼がやり遂げたことを褒めるのではなく、共同での計画立案、協調、部門横断的な取り組みの成功といったプロセスに着目してねぎらうようになった。

自分の行動がどんな結果をもたらすかを直視させる

切迫感で動く社員に特徴的なのは、行動のプラス面だけを見て、性急に行動することのマイナス面を見ないことだ。ある非営利団体のバイスプレジデントは、これまで十分なデータに基づくことなく拙速に意思決定を下してきた。そのため一部の社員の解雇を、本来は他の人と相談して慎重に検討するよう求められたにもかかわらず、自分の一存で行おうとした。

そこで私たちは、彼女が採用したばかりの社員に解雇を告げるリハーサルをさせた後、解雇が当人やその家族に及ぼすであろう影響を寸劇にして見せた。自分のせいで被る痛みを目の当たりにして、彼女はやっと行動の結果に注意を向けるようになった。

長期的思考派の社員とペアを組ませる

切迫感を持つ社員に、より慎重で思慮深いアプローチによる成功を体験させることは、効果的である。ある営業担当者は勤勉で情熱的に働くことで多くの取引をまとめていた。しかし彼は、多少不確かな返事でも、見込みがあると見るやいなや話をまとめたがり、自らの提案を補強して契約の価値を高めるよりも、相手が望みそうなものを安易に追加することで、ポテンシャルから考えてもかなり小さめの新規取引や、制約の多い顧客を獲得していた。

そこで経営陣は、調査と計画に優れた知性派の同僚を彼と組ませた。高いエネルギーと慎重な頭脳の組み合わせによって、契約の数も規模も大幅に増加した。

間違った切迫感と実際に片づける必要がある仕事を区別させる

根底にある理由を探り、それに対処することで、拙速に動く必要性が緩和されることがある。かつては堅実だったあるチームリーダーは、組織が成長期に入る頃には他人の意見を聞かなくなった。すべてを掌握しようとして情報や意思決定をチームと共有しなくなり、部下を失望させた。チームの成長と発展はままならず、彼は消耗し尽くし、仕事も滞っていた。

私たちはプロジェクト管理を多方面から話し合い、彼がすべての要素を自分の管理下に置いていることが目に見えるようにした。そして、次のように尋ねた。「何が実際のプレッシャーになっていますか」。話し合いの後、仕事自体というよりも、それらすべてを担当するという大変な責任から感じられる感覚がプレッシャーとなっていると判明した。

そこで、マインドフルネスのテクニックを使ってうまく対処できるよう支援した。また、チームに関しては、部下たちが、悪影響を予想する方法、より多くの責任を引き受ける方法、何かが間違った方向に進んでいる時に警告する方法を理解できるよう促した。

過度の切迫感に駆られる社員は、仕事を成し遂げ、自分自身や組織ができる限り成長するための意識的な取り組みを行うよりも、かゆいところをかくように行動することが多い。もっと内省や熟慮をすれば格段によい結果が出せることを一度理解すれば、自分の切迫感を抑制し、よりよいリーダーでありつつ、いっそう素晴らしい業績を達成することができるのである。

リズ・キスリク（Liz Kislik）
コンサルタント。フォーチュン500企業から全国的な非営利団体、家族経営企業に至るまで、さまざまな組織が抱える難題の解決に一役買っている。ニューヨーク大学およびホフストラ大学で教えてきた。TEDx BaylorSchool で講演も行う。

8

Harvard Business Review
Emotional Intelligence
DEALING WITH DIFFICULT PEOPLE

「悪い」上司にいかに対処するか

マンフレッド・F・R・ケッツ・ド・ブリース
Manfred F. R. Kets de Vries

"Do You Hate Your Boss?,"
HBR, December 2016.

まずは、上司と関係改善を模索する

一流のテクノロジー企業で働くステイシー（本稿に出てくる人名はすべて秘密保持のために仮名）は、仕事が大好きだった。ただしそれは、上司が転職して一変した。後任マネジャーのピーターは、個人あるいは集団としての業績にかかわらず、引き継いだチームのメンバーがことごとく気に食わないようだった。打ち解けにくく、何かと細かい指示を出し、自分の発案ではないプロジェクトはどれも無価値と見なす傾向にあった。一年も経たないうちに、彼はステイシーの同僚を何人も入れ替えた。

当初、ステイシーは新しい上司の信頼と関心を得ようと、フィードバックや指導を求めた。しかし、ピーターはそれに応じなかった。ステイシーがどんなに努力しても、気心を通じ合わせることはできなかった。

数カ月が経ち、彼女はついに一連の問題を人事部に申し立てることにしたが、同情を示す以上のことはしてもらえなかった。ピーターの管轄部署は著しく業績が悪化しているわけではなく、他に誰も苦情を申し立てていなかった。したがって、会社側は措置を講じようとしなかったのである。

上司から逃れることも関係性を改善することもできないので、ステイシーはストレスを感じて意気消沈し、仕事の質がひどく低下していった。大好きだった職場を辞めるしか解決法はないのだろうか、と彼女は悩んだ。

ステイシーのような状況は珍しくない。ギャラップの最新版「グローバルワークプレイスの実態」調査では、米国の全従業員の半数が、キャリアの一定時期に上司から逃れるための退職を経験しているという。この数字は、欧州、アジア、中東、アフリカの労働者でも同じか、あるいはもっと高い(注1)。

また、従業員エンゲージメント(すなわち、組織の目標達成へのモチベーションと努力)と上司との人間関係には明らかな相関があることが、過去の同調査から一貫して示されている。

仕事に意欲的に取り組んでいると述べた従業員の七七%は、マネジャーとの交流を肯定的な言葉(たとえば、「上司は私の長所に注目してくれる」など)で表現している。一方、「意欲的ではない」と述べた従業員のうち、マネジャーとの交流を肯定的な言葉で語っている割合は二三%にすぎず、「まったく意欲的ではない」と述べた従業員に至ってはわずか四%だった。

憂慮すべき調査結果である。なぜなら研究によると、組織を成功へと導く重要な原動力は、従業員が仕事に意欲的に取り組んでいることにあるからだ。さらに、ギャラップによれば、全世界の従業員のうちで仕事に意欲的に取り組んでいる者は一三％にすぎなかった。

では、「悪い」上司は何をしているのか。よく挙げられる苦情には、事細かな指示、弱い者いじめ、対立の回避、決断の回避、功績の横取り、責任転嫁、情報の出し惜しみ、他者の話を聞かない、悪い見本を示す、怠慢、部下を育てる気がない、などがある。

これらの問題行動は他者を苦しめ、非生産的にする。しかし、どんなに上司に非があろうと、上司と円滑な関係を築くことは職務の重要な一部である。これをうまくこなせるかどうかは、その人の有能さを示すカギとなる指標だ。

私は長年にわたり研究者、マネジメントコーチ、精神分析家として、高い潜在力を持つ組織の上級幹部たちと仕事をしており、彼らとその上司の関係における機能不全を解消する手助けをしてきた。本稿で述べるのは、同じような苦境に陥った人々が実践できる選択肢である。

その多くは常識と見なされるようなものだが、悪しき状況を改善する力が自分にあることを人々は忘れがちだ。したがって、こうした選択肢を体系的に説明することは有益である。

ステップ①「共感力」を働かせる

第一のステップは、上司がさらされている外的圧力を考慮に入れることだ。たいていの悪い上司は、根っからの悪人ではないと覚えておこう。彼らは弱点を持った善人であり、指導力を発揮して結果を出すという重圧の下に置かれ、弱点がいっそう前面に出ることがある。このため、彼らの振る舞い方だけではなく、なぜそのように振る舞うのかを考えることが重要だ。

上司と部下の関係がうまくいかない場合、共感力を働かせると状況が一変するきっかけになりうる。また、この現象は上意下達の方向に縛られない。これらの点については、多くの研究が指摘している。

スティーブン・R・コヴィーやダニエル・ゴールマンのような専門家は、上司と良好な関係を構築するのに、ＥＩ（感情的知性）の重要な側面である「共感力」を使うことの重要性を強調している。神経科学も、これが有効な戦略だと示唆している。人間の脳のミラーニューロンには等価の振る舞いを促す自然の傾向があるからだ。結論として、上司に対する共感力を働かせれば、上司もあなたに共感を示すようになる。これは誰にとっても歓迎すべきことだろう。

必要なものを与えてくれない上司、明らかに忌み嫌っている上司に共感することは難しいかもしれない。しかし、ゴールマンが示したように、共感から学びを得ることができる。メニンガークリニックの専門家をはじめとする研究者による近年の調査では、共感力を意識的に働かせると、他者がどう感じているかに関する認知がより正確になることが示唆されている。

米国大手企業で営業部長を務めていたジョージの例を挙げよう。彼は上司のアビーを満足させようと努力を尽くしたが、うまくいかなかった。アビーに気にかけてもらえず、支援もしてもらえないので不満を募らせていたが、ある同僚から上司の立場になって想像してみるように忠告された。

ジョージも知る通り、アビーの上司は実に厳しい監督者で、実現不可能なストレッチ目標を設定することで有名だった。ジョージはそれを考えた時、アビーは故意に彼を無視していたのではないと気づいた。アビーはいくつもの重要な新規事業に同時に取り組んでいたので、単に支援する時間がなかったのだ。

意識的な心がけであっても、共感は打ち解けた状況で示すのが最もよい。特別に時間をつくってもらうのではなく、相手があなたの努力を受け入れやすい絶妙な瞬間を探そう。ジョージの場合は、シンガポールの大切な顧客を数件回る出張に同行した時にチャンスがめぐってきた。初日の夕食の時間、彼は中国本土における新規プロジェクトの進捗を尋ねることで、アビーが感じているプレッシャーを打ち明ける機会を少しずつ設けた。

すると、アビーは自分のストレスや不満を聞いてほしかったということに気がついた。このやりとりが転機となり、二人の仕事上の関係はついに非常に申し分ないものとなった。ジョージは自分に対して上司が関心を向けているかどうかを気に病まなくなり、アビーはジョージの問題に耳を傾けるようになった。

ステップ② 自分の役割を考える

第二のステップは、自分自身に目を向けることだ。私の経験では、上司との関係で苦労する人々はたいてい、自分自身が問題の一部となっている。その振る舞いは、自らが認められて評価されるのを何らかの形で妨げているのだ。おそらくこんなことは聞きたくないだろうが、自分のやり方に間違いがある可能性を認め、それが何なのかを見極め、対応と修正に努めれば、上司との関係を修復できるかもしれない。

いくつか内省してみることから始めよう。できるだけ客観的に、上司から受けた何らかの批判を熟考するのだ。どの領域を改善する必要があるか。自分の振る舞い、あるいは結果のどの側面が上司をいら立たせるのか。

また、自分の性格のどういった部分が摩擦を引き起こしているのかを自問するとよい。私はクライアントと短時間の面談をしただけで、「転移」に気づくことが多い。クライアントは権威ある人物との間で起こった過去の問題をいまだ解決できておらず、上司がその人物を表す「転移像」となっているのだ。この種の転移は行動に大きな影響を及ぼす。上司と部下の関係がうまくいかない理由を解明する際には、常にはっきりと考慮しなければならない。

たとえば、あるクライアントの女性は上司について、彼女をいじめた小学校時代の先生で、けっして気に入られなかった人物を思い出すと打ち明けた。両者は容貌が似ており、横柄な話し方も相通ずるものがあった。

転移が浮き彫りになれば、通常はそれを修正する段階に進むことができる。私のクライアントはセッションを終えると、「一歩退いてみたり、過去の腹立たしさを現在の反応から切り離したり、上司のコメントを建設的な文脈でとらえたりしやすくなった」と述べた。

次に、上司との関係がうまくいっている同僚を観察し、アドバイスを仰ぐとよい。彼らの優先事項や特異な行動、潜在的願望を理解しようと努め、自分だったらどんなやり方をするかについて指針を得よう。

ただし、同僚に話を持ちかける際には、どんな質問であれ、周到に準備しなければならない。たとえば、上司はどうして自分の話を常にさえぎるのだろうかと尋ねる代わりに、「発言すべきか否かを、どうやって判断していますか。上司が意見を聞きたがっているかどうか、なぜわかるのですか。反対意見がある時はどういうふうに伝えますか」と尋ねるのだ。

また、同僚から助言を得るにはグループトレーニングプログラムを活用するとよい。リーダーシップ開発ワークショップに参加していたトムの事例を思い出す。彼は（他の小グループの参加者と同様に）自分の抱える問題を発表するように言われた時、上司との関係を改善する必要があると告白した。

「自分が何をしようと、上司はけっして満足しないようだ」とトムが言うと、同僚たちは率直に答えてくれた。ミーティングでトムが自分たちの部署の目標を説明しようとすると支離滅裂なことが多く、上司の役に立つ仕事をしていないのではないかというのだ。同僚の見解では、上司はそれゆえにトムの仕事に不満を示していたという。

同僚たちは、トムがプレゼンテーションの組み立てとリハーサルにもっと時間を割くこと、特にもっと具体的な目標を提案し、成功基準の特定に注力するように提案した。また、プレゼンは部下とともに行い、彼らにも独自の報告をさせることを勧めた。

トムは確認したい点をいくつか聞き、もらったアドバイスをすぐにでも実践しようとはやる気持ちでワークショップを後にした。翌年の企画会議で、上司はトムのグループのプレゼンが優れていたと褒め、トムの部署がチームワークを発揮するようになったとメールで称えてフォローアップした。

もし、自分の振る舞いが及ぼす害悪について、同僚たちのフィードバックから有益な洞察を得られなければ、次のステップに進もう。この問題について上司と話し合いを試みるのだ。繰り返しになるが、細心の注意を払い、肯定的な表現の質問を準備したうえで話を持ちかけよう。「私のやり方のどこが間違っているのでしょうか」ではなく、「あなたの目標達成のために、どうしたらもっとお役に立てますか」と尋ねるとよい。助言、あるいはメンタリングを求めるという姿勢で臨もう。そのために一対一での面談を申し出て、業績問題や自分の管理スキルの開発など、話し合いたいテーマを伝えておくとよい。

運がよければ、仕事への熱意を評価してもらえたり、改善点を指摘してもらえたりと、より親密な関係への基盤ができる。しかし、返答してもらえなかったり拒絶されたりしたら、自分には落ち度はないことがわかる。この場合、現状を変えるために自分ができることは何か、何らかの手立てがないかを見極める必要がある。

自分に原因がなければ、直接対話する機会をつくる

上司との関係がうまくいかない原因は自分にないとわかって初めて、「お互いの関係が円滑なものとは思えないので、この状況を改善したい」と隠し立てせずに提案すべきだ。

この対話に入る方法はいくつかある。チャンスがあれば、すでに行っている率直な話し合いの延長線上で始めることができる。私が指導したことのあるフランス人の企業幹部ジャンヌは、英国人の上司リチャードとともにある顧客を訪問した時の出来事を打ち明けてくれた。

顧客が両者に無理難題を課したため、これまでうまくいかなかったことについて二人は話し合わざるをえなくなった。すると、ジャンヌが上司の振る舞いに対して不満の一部を表すきっかけができ、二人は自分たちの関係を改善する方法を見出すことができた。

このような機会に恵まれない場合は、自分から話を切り出さなければならない。コンフリクト管理の専門家のほとんどは、簡単にじゃまが入らず、双方ともにその場を離れることの難しい私的な状況で行うように勧めている。

建設的な話し合いをするためには、「安全な場所」だと感じられることが重要だ。同僚と出食わすおそれのないレストランを選び、上司をランチに誘ってみよう。職場から離れて個人的に話し合いたいのだと説明すればよい。たとえば、重要な締め切りに間に合わなかったというような、具体的な仕事上の問題が二人のあつれきによって生じていたならば、その問題およびそれが他のプロジェクトに及ぼす影響について話し合いたいと申し出ることができる。

ジャンヌとリチャードが取り組んだように、これは一種の事後検証である。避けて通れない難しい話し合いだと、上司が予想できるようにするとよい。人間関係の問題を話したいとだけ伝えたら、上司は何らかの優先すべき重大案件にかこつけて逃げようとするおそれがある。

対話を始めると、上司はあなたの不満の大きさに気づいていないことが判明するかもしれない。たとえば、ジャンヌにとっての問題の一つは、リチャードがけっして彼女に意見を求めず、進んでアイデアを出す他の同僚（多くは英国人男性）の話ばかりを聞いていたことだった。その点について話し合うと、リチャードは「ミーティングでジャンヌに質問して困らせたくなかっただけで、彼女の発言の機会を奪うつもりなどなかった」と釈明した。

反抗を企てるには、確実な根拠やデータが不可欠

自分の振る舞いを変えたり、上司との対話の口火を切ったりしても事態を改善することができず、同僚たちもあなたと同じくいら立ちを感じているなら、人事部と上司の上司に警告を発することを検討すべきだ。

ただし、この手段に打って出るには、上司に非があることを示す確実な根拠（たとえば、管理能力のない上司は結果的にチームや部署、組織の業績を損なうだろうといったこと）を用意する必要がある。会社に対して訴訟を起こすという、信憑性のある脅しも準備しなければなら

ない。

社則や人事指針に明らかに反する対応の事例や証人陳述など、上司の悪影響や不適切な振る舞いを記録した証拠が必要となる。類似の不満や証拠を公言してくれる協力者が多ければ、それだけ上級管理者は問題を無視したり否定したりできなくなる。

悪しき振る舞いの典型例に該当するような説得力あるデータが不足していると、人事部の担当者はまず同調してくれない。たいていの場合、彼らは上司側に立つからだ。

上司との間に問題を抱えて、私のカウンセリングを受けた企業幹部マリアの場合、当初は人事部に助けを求めた。しかし、彼女の上司は自己アピールに非常に長けており、実際のところはマリアに非があると、人事部を丸め込んでしまった。すると、人事部長はこの問題を追及することを拒否したうえに、上司を受け入れるべきはマリアのほうだと告げたのである。

このようなケースは日常茶飯事で、上司に対して決定的な根拠を準備していなかった部下はたいてい、上司のやり方や振る舞いを変えさせることができず、自分が職を失う結果となっている。反抗や警告は、自分の将来のキャリアにダメージを与えるおそれもあるのだ。したがって、公式に苦情を申し出るのはあくまでも最終手段である。

時間を稼ぐか、転職するか

これまで述べた方法によって上司との関係を改善することができず、集団で行動を起こせる可能性もなければ、選択肢はいっそう限られてくる。

そうした状況では、ほとんどの従業員が形ばかりの仕事をこなし、上司との接触を最小限に留める。上司が異動する可能性、つまり希望は常にある。しかし、時間稼ぎをするならば、耐え抜くことが自分の生き方にならないように、期限を定める必要もあることに留意すべきだ。さもないと仕事に意欲的に取り組めず、幻滅を感じ、みじめな気持ちに陥る。それが他の領域にも波及すると、うつ状態をはじめ、さまざまな心身反応を引き起こすかもしれない。

よりよい解決策は、仕事を続けながら別の職を探し、自分の意思で立ち去ることだ。履歴書を増補してヘッドハンターと接触し、推薦状を用意し、面接を受けるようにしよう。悪い上司を持ったことはあなたの責任ではないが、そこに留まることは自己責任である。

冒頭で述べたステイシーの最終的結論はまさにこれだった。自己分析をした後、彼女は他に職を探し始めた。ほどなくして別の組織に興味のある職を見つけ、非常に親しみの持てる上司の下で働き始めた。

数カ月後、ステイシーはかつての同僚から、ピーターが彼女の退職後、すぐに会社を去ったと告げられた。表向きは自己都合による退職だったが、内部の噂によると、上層部が彼を追い出したとのことだった。

ピーターの下で、あまりにも多くの貴重な人材が辞めていったからである。

マンフレッド・F・R・ケッツ・ド・ブリース（Manfred F. R. Kets de Vries）
INSEAD教授。エグゼクティブコーチ、精神分析家、経営学研究者。INSEADでは、リーダーシップ開発および組織改革の臨床学特別栄誉教授を務める。

9

もし、上司や同僚に心を操られそうになったら

リズ・キスリク
Liz Kislik

"How to Work with a Manipulative Person,"
HBR.ORG, November 06, 2017.

人の心を操ろうとする「マニピュレーター」は組織に横行しやすい

会社勤めをしたことがある人なら、ほぼ例外なく、他人の心を操ろうとする人（マニピュレーター）に職場で対応しなければならなかった経験があるだろう。あいにく、従業員はたいてい、その経験を公にするのをためらう。というのも、たとえ公にしても、会社側の典型的な反応は、慎重であったり、真剣に取り上げなかったり、時には当のマニピュレーターでなく被害に遭った人を罰することすらあるからだ。（注1）

残念ながら、マニピュレーターを昇進させる職場は少なくない。（注2）彼らは事を効果的に進めるように見えるからだ。ただ長い目で見れば、マニピュレーターの横行は生産性にも周囲の人の心にも甚大なダメージを与える。（注3）そこで、幹部層や他の部署から、あなたの側に立った介入が期待できそうにない場合に備え、法的措置に訴えるまでもなく、自分自身で対処する方法を知っておくとよいだろう。

私は三〇年近くにわたるコンサルティング経験において、人を操ろうとするマニピュレーションやいじめ、権限乱用の実例を数え切れないほど目にしてきた。そうして、よくあるタイプのマニピュレーターと対峙する時、確実に効果のある対処法があることがわかった。これらの方法は、自分のほうが職位や権限、あるいはステータスが下でも使うことができる。

以下のアプローチを実践すれば、少なくとも自信とコントロールを取り戻す役に立つはずだ。この先どうしたらよいのかと、黙って苦しむ必要はなくなるだろう。

アプローチ① 必要以上に特別扱いされる時は疑おう

最初に関係を築く時、マニピュレーターはまだ本性を現さない。むしろ多くの場合、協力者とか友人であるというイメージを打ち出す。弱みがどこにあり、どれくらい利用できるかを品定めするために、相手に近づく必要があるからだ。マニピュレーターは、「十分に教養と自信があって自立しているのは誰か、また歓心を買いたがったり、恥をかきやすかったりするのは誰か」と、従業員たちを見極めることに長けている。

力のある同僚や上司があなたに関心があるように見えれば、胸が躍るものだ。だが、その人物にまつわる恐ろしい話を聞いたことがあるなら、要注意である。特に、あなたをお気に入り扱いする一方で、自己嫌悪に陥らせるような当てこすりをしたり、他の人たちと話す時にあなたをこき下ろしたりする場合は気をつけよう。お気に入りでいたいのなら、あなたの利益に反する行為をするよう、プレッシャーをかけてくる時も注意したほうがいい。

私がコンサルタントとして協力したある経営幹部の女性は、「彼女の支持者であり、仲の良い友人だ」と公言する同僚から傷つけられていた。この同僚から絶えず欠点やミスを指摘され、当初は自分のためと思えたものの、次第に自信を失っていった。やがて自分自身の直感を疑い始め、自らの信念を守るよりも、マニピュレーションに長けた同僚の相棒であるかのように振る舞い始めた。

そして、何が起こっているのか気づいた頃には、すでに自分をこの同僚から切り離すことができなくなっており、かなりの威信と影響力を失っていた。他の人からの信頼も、自分自身に対する自信も揺らぎ、彼女は自分の立場や影響力を取り戻すことができないまま、結局は退職することになった。

アプローチ② あえて公の前で小さな対立をする

時には、現場でマニピュレーターと対立することが、その工作を暴く唯一の方法になる。

だが、自分のほうが地位的に下の場合、実行するのは困難かもしれない。上司の立場であっても、当然すべきことやフェアプレーから明らかに逸脱している場面に遭遇すれば、組織に大きなダメージを与えているとわかりつつも、あっけにとられて信じられないかもしれないし、言うべきことがとっさに見つからないかもしれない。

しかし、勇気と機知を持ち合わせて介入する人がいれば、マニピュレーターにはその行為が見抜かれたと警告することになり、また傍観していた人々には、通常通りにビジネスを進めながらも、介入して他の人たちを守ることができると示すことになる。

私が出席したあるクライアントの会議では、経営陣を前にして、一人の経営幹部が電話による報告を行っていた。すると、きわめて利己的であり、マニピュレーションに長けているとの評判があるバイスプレジデントが、驚いた様子で眉を上げたり、何度も首を横に振ったり、肩をすくめたりし始めた。電話で報告中の同僚が言っている内容に同意していないこと、時には、なぜそんなことを言うのか理由がわからないということを、会議室にいる仲間たちに示そうとするかのようだった。まったく一言も発しないままで、である。

電話の向こうから報告中の経営幹部は、自分の信頼性と報告内容が軽んじられているとは思ってもいない。私はマニピュレーターに直接、こう尋ねた。

「何か言い足したいことがあったのではないですか。いまの報告に、あなたは強く反対されているように見えました。結論か、あるいは詳細の一部に異論があったのですか。それとも報告に満足していますか」

会議室にいるバイスプレジデントは、「異論は一切ない」と否定した。それでも、私に正面からそう聞かれたことで明らかに居心地が悪くなり、もはや我が物顔に振る舞ったり、電話の向こうの同僚に非難を浴びせたりすることができなくなった。一方、電話で報告をしていた幹部は、同僚から自分が卑劣な手段で批判されていたことを知ったのである。

アプローチ③ 黙秘したり、卑劣な行為を見て見ぬふりをしたりすることを拒む

代わりに、はっきりと率直にものを言い、大義を堅持しよう。陰謀を企むマニピュレーターは、あなたを信頼できるインサイダーであるかのように扱うかもしれない。あたかも、「大局観と分別を持ち合わせて、何が重要であるかを理解できるのは、あなたしかいない」と言わんばかりに、他人の欠点や失敗に関するちょっとした情報を、あなたに流すのだ。

このような言外のへつらいに、だまされてはいけない。意図を明らかにするために、詳細や具体的な情報を求める必要がある。

「あなたが言おうとしていることが、よくわかりません。なぜこの話を私にするのですか。私に何をしてほしいのですか」

あるクライアント企業で私が一緒に仕事をしたリーダーは、直接の対立はできれば避けたいと考え、自分では伝えたくないメッセージを、私を含めた周囲の人に伝えてもらおうとした。彼女が他の人を隠れみのにして、間接的に批判するのを黙認する代わりに、私はこう言った。

「チーム内の対立を処理するジェームズのやり方を、あなたが気に入っていないことは明らかです。一度、あなたとジェームズと私の三人で話し合う場を持ちましょう。あなたが懸念していることをジェームズに説明し、それを受けてジェームズがチームをどう管理していけばいいか、私が相談に乗りますから」

彼女はいまや、自分自身の行動パターンを理解し、そこから脱皮するためのサポートを受けている。そのため、困った事態に陥った時に他人任せにすることが、以前よりもはるかに少なくなっている。

あなたがマニピュレーターよりも上の地位であれば、最も効果があるのは、綿密な是正措置の計画に速やかに着手することだ。前記のようなアプローチを用い、マニピュレーターが不適切な癖を直すまで、さもなければ、あなたがこの部下を辞めさせるまで、行動に関して具体的なフィードバックを与えることである。

マニピュレーターと同じ権限や影響力を持たない場合は、以上三つのアプローチを用いれば、自己防衛の役に立つ。そのうえ、あなたが望むのであれば、いまの組織で仕事を続けられ、その間に、自分自身にも、組織の全メンバーにも、マニピュレーターが及ぼす悪影響を最小限に抑える助けにもなる。

＊　＊　＊

リズ・キスリク（Liz Kislik）
コンサルタント。フォーチュン500企業から全国的な非営利団体、家族経営企業に至るまで、さまざまな組織が抱える難題の解決に一役買っている。ニューヨーク大学およびホフストラ大学で教えてきた。TEDx BaylorSchool で講演も行う。

9. How to Work with a Manipulative Person

10

サボる、手を抜く「怠慢な同僚」への賢い対処法

キャロリン・オハラ
Carolyn O'hara

"How to Deal with a Slacker Coworker,"
HBR.ORG, May 14, 2014.

専門家に聞く、怠慢な他人に対処する方法

他人の怠慢を取り締まることなど、誰もしたくないものだ。同僚が定時前に帰ったり、締め切りを守らなかったり、与えられた仕事に全力投球していない場合、どう対処すればよいか判断に苦しむ時がある。本人に直接注意をすべきなのか、上司に話すべきなのか、それとも余計な口を出さないほうがよいのか——。

仕事に全力を尽くさない人と一緒に働いた経験は、誰にでもあるだろう。一日中フェイスブックをチェックしている、昼休みを二時間取る、まったく締め切りを守らない、といった同僚だ。しかし、どれほど腹立たしいと思っても、その人の振る舞いがあなたの仕事に実質的な影響を与えていなければ、サボりを取り締まる警察の役を負うべきではない。

「過敏な警報アラームのような人だ、という評判を招いてはなりません」と言うのは、バブソン・カレッジの経営学教授であり、『影響力の法則』(注1)の著者でもあるアラン・R・コーエンだ。

ハーバード大学医学部マクリーン病院のコーチング研究所を創設した、スーザン・デイビッドも同意見である。「やる気のない同僚があなたの仕事や昇進の邪魔をしていないのならば、

放っておいて自分の仕事に専念したほうがいいでしょう」

しかし、その同僚の振る舞いがあなたの仕事に支障を与えているならば、手を打つ必要がある。このやっかいな状況に対処する方法を以下に挙げよう。

相手の立場になってみる

仕事に精を出さない同僚に対処するのはいら立たしいものだが、相手の振る舞いの原因を早計に決めつけてはいけない。仕事に尽力していないのは、必ずしも怠惰が原因とは限らない。「家庭の問題を抱えているのかもしれません」と、コーエンは言う。

あるいは、職場で何らかの困難に直面しているせいかもしれない。新しい仕事を覚える、新しいスキルを身につけることに苦心している可能性もある。「コンテクスト（立場や状況）は重要です。相手のやる気について、憶測で判断するのはやめるべきです」と、行動を起こす前に「調査と質問」を行うよう勧める。それには自分自身を振り返ることも含まれる。

ただし、本人に働きかけるかどうかの判断に時間をかけすぎないこと。その間に我慢の限界がくれば怒りが爆発しやすくなり、プロフェッショナルらしさを疑われるはめになるからだ。

対決ではなく対話をする

同僚の振る舞いがあなたの仕事に悪影響を与えているのであれば、思い切って口に出そう。ただし、いきなり攻撃したり、非難するような言い方をしてはならない。「関心と共感を持って話をする必要があります」と、デイビッドは言う。「叱責や主張ではなく、ただ問題を解決しようとしていることを示すのです」

たとえば、「あなたは最近、以前ほど仕事に入れ込んでいないように見えるけど、何か力になれることはある?」という具合に、相手の調子を尋ねてみよう。

事実のみを述べる

問題となっている振る舞いを具体的に挙げ、それがあなたや他の同僚にどう影響を与えているかをわかりやすく説明しよう。「○○ということがあって、その結果、○○という影響が生じた」というように話をするのだ。

「あなたが納期に間に合わなかったために、クライアントとの取引が危うくなった」「あなたが早く帰ったために、自分が遅くまで残業することになった」などだ。

ただし、あくまでも建設的で前向きな会話を心がけよう。事前に別の誰かと会話をリハーサルし、言葉づかいや声の調子を確認することを、コーエンは勧める。

柔軟に対応する

自分なりに最良だと思う解決法があったとしても、それに固執しないほうがよい。「相手と一緒にいくつかの方法を検討するのがよいでしょう」と、デイビッドは言う。

また、「自分は正しく、相手は間違っている」と、白か黒かの二元論で考える衝動も抑えなければならない。デイビッドによれば、他者が間違っていると考えることは、実は、自分自身を非常に消耗させる行為だという。エネルギーを使うし、物事を解決する能力も妨げられる。

チャンスを与える

一度話しても効果がない場合には、再度トライしてみよう。初回は率直さや具体性が足りなかったという可能性もある。「この間○○について話をして、あなたは○○をすると言った。そして、それが行われていない」ということを告げるのだ。「それを二回、三回と繰り返さなければならない場合もあります」と、コーエンは言う。

それでも振る舞いが改まらず、あなたの仕事に悪影響を及ぼし続ける場合には、上司に相談しよう。ただし、相手にそのことを事前に伝えるべきだとコーエンは言う。それがプロとしての礼儀であり、振る舞いを改めるようさらに促すことにもなる。事前の警告には効果がある、というのがコーエンの考えだ。

上司とともに、慎重に対処する

上司に対しても、怠惰な同僚の場合と同じようにアプローチしよう。つまり、共感と広い心を示し、具体的に説明し、対処法を柔軟に検討するのだ。手際よく状況に対処すれば、上司の評価も上がるだろう。だが失敗すれば、「組織に望ましくないと見なされ、前進するための『エモーショナル・アジリティ』（Emotional Agility：感情の敏捷性。自分の思考や感情を、押し殺すのではなく生産的にコントロールする能力）に欠ける人物だと見なされるようになります」とデイビッドは言う。(注2)
したがって、柔軟な姿勢と、問題を解決しようという積極性を明確に示す必要がある。

基本的な心得

やるべきこと：

・柔軟な姿勢を保つ。同僚が仕事に打ち込んでいない背景には、あなたの知らない事情があるのかもしれない。

・上司に話す前に、本人と話し合う。

・同僚の振る舞いが皆の仕事にどう影響しているのか、具体的に示す。

やってはいけないこと：

・問題そのものにとらわれない。あなたの生産性に影響なければ口を出すべきではない。

・振る舞いを改めるチャンスを一度以上与えることなく、上司に告げてはならない。

・非難するような口調は避けること。相手への関心を前面に押し出して対話する。

事例① 友好的にアプローチする

中西部のある広告代理店に入社したコピーライターのキャサリン・チャイルズ（仮名）は、

すぐにケビン（仮名）が会社で怠け者と見られていることに気づいた。この若いアートディレクターは、人より仕事を仕上げるのが遅く、時代遅れのソフトウェアを使用し、スキルにおいて同僚に後れを取っていた。

プロジェクトの進捗管理を任されていたキャサリンは、ケビンの仕事のやり方がクリエイティブチーム全体の足を引っ張っていることに気づいた。「彼のせいで制作のスピードが落ちていました。私たちは毎日、一定量の成果物を仕上げる必要がありましたが、彼のファイルを処理するのに通常の三倍の時間がかかっていました」と彼女は言う。

その問題は何カ月も前から続いていたにもかかわらず、誰もケビンに仕事のやり方を改善するよう提案していなかった。「誰もが気づいているのに、見て見ぬふりをしていたんです。腹立たしく思いながらも、彼にスキルアップを要求する者はいませんでした」

キャサリンは、ケビンと話すことにした。そして、彼が仕事に時間がかかるのは怠惰だからではなく、リサーチのやり方が原因であることを知った。「彼がいい仕事をしたいと思っているのは明らかでした」。さらに、ケビンは前の上司と衝突したことがあったという。それ以来、殻に閉じこもることで周囲のフラストレーションを無視しようとしていたのだ。

ケビンは難しい課題への挑戦を辞さないはずだ――そう察知したキャサリンは、彼の仕事量を増やすことにした。また同僚たちに、彼に足りないスキルを指導するよう、背後で根回しをした。そしてケビンとの対話で、そうした追加の努力が彼のキャリアにいかにプラスになるかを強調すると、彼は熱心に同意した。「こういう場合、本人のメリットになることを示す必要があるのです」と彼女は言う。

ケビンはすぐに締め切りを守るようになり、こなす仕事量も増えた。同僚たちもそのことに気づき、怠惰なイメージは払拭された。誰かが努力していて、傍からもその努力がわかれば、その人に対する認識は変わるのだとキャサリンは言う。

事例② 改善の見込みがない場合、自分の仕事に専念する

大手保険会社で直販事業部の立ち上げを任命されたマーク・バーリン（仮名）は、多くの難問を乗り越える必要があった。特に深刻だったのは、電話営業部の責任者デニス（仮名）が追加の仕事――現状を変えるために必要な取り組み――を引き受けたがらないことだった。

マークはこの問題をデニスに話し、お互いの仕事を効率化するチャンスだとして説得に努めた。「それぞれのセールスファネルについて学び合おう」と提案したが、どうにもならなかった。

そこでもう一度対話を持ちかけ、いかに他のチームに悪影響を与えているかを明確に伝えた。併せて、非常に限定的で簡単に取り組める方法を提案した。それを一緒に達成することで相互の信頼関係を築けると考えたのだ。だがデニスとそのチームは、その後も事業部全体の足を引っ張り続けた。

結局マークは、デニスの不備を補うために、自分の仕事のやり方を「完全に再構築」しなければならなかった。しかし、その努力は、誰にも知られなかったわけではない。本社のバイスプレジデントは、「デニスと仕事をすることがどれほど困難かを知っており、私たちの努力を認めてくれました」と、マークは言う。

この経験からマークが得た教訓は、「怠け者にかかりきりになるのをやめて、自分のやるべき仕事に戻ること」だ。全力投球していない同僚に対処する、完璧な方法は存在しない。「疎外したり、取り込んだり、態度を改めさせたり、あるいは排除さえできるでしょう」と、マークは言う。だが最終的には、「自分がなすべき仕事を認識し、人ではなくその仕事に専念しなければなりません」。

キャロリン・オハラ（Carolyn O'hara）
ライター兼編集者。ニューヨークを拠点に活動している。

11

嫌いな人とうまく仕事をするための六つのアドバイス

マーク・ネビンズ
Mark Nevins

"How to Collaborate with People You Don't Like,"
HBR.ORG, December 04, 2018.

気の合わない人と仕事をしなければならない時

数カ月前、かつてのクライアント（仮にケイシーとしよう）から近況を知らせる電話が入った。彼女が何カ月か前に世界的な大手金融サービス企業に入社した際、私は移行期間のサポートをした。そのプロセスを慎重かつ思慮深く進める彼女の姿を覚えていたので、早くも成果を出したという報告だろうと思った。

ところが、ケイシーは、単純だが深刻な問題があると告げた。同レベルの上級管理職（仮にマルタとしよう）と反りが合わないと言うのだ。

二人は出だしでつまずき、時が経っても関係はいっこうに改善しなかった。ケイシーが言うには、マルタと良好な関係が築けないことが成功の妨げとなり、社内での昇進を阻むおそれがあることが、火を見るよりも明らかになってきたという。

私と話をして状況を整理していくなかで、ケイシーは、マルタが周囲には才能と実績があり、人気もあるエグゼクティブだと思われていて、意地悪なわけでも気難しいわけでもないと述べた。その一方で、マルタのことをどうしても好きになれないと認めた。二人は異なるスタイルの持ち主で、マルタはケイシーの神経を逆なでするのだ。

ケイシーと私は何度も会話を重ねて、問題に取り組んだ。彼女が入社して最初の数週間に作成したステークホルダー・マップを見直すと、期待通りの成果を上げるには、マルタとの協働と連携が不可欠であることがわかった。

マルタとの関係をより正直に評価するうちに、ケイシーは自分がマルタに歩み寄ろうとしていなかったことに気づいた。マルタに彼女の意見や見解に価値があるとは伝えず、彼女とも彼女のチームともコミュニケーションを断ち、事実上、彼女を避けようとしていたのだ。

そこでケイシーは、マルタとうまく協働すべく、有用な戦略をいくつか立てた。どれもけっして簡単ではなく、気楽にできることでもないが、好きではない人と一緒に働かなければならない時に、ほとんどの人がこれらのアイデアと洞察を活用できる。

①対立の原因と、それに対する自分の反応を熟考しよう

最初のステップは、受け入れること、そしてよく考えることだ。

誰とでも気が合うわけではないが、誰との交流にも潜在的な価値があることを覚えておこう。

出会う人のほとんどすべてから学ぶことができ、学ぶべきであり、それを実現する責任はあなた自身にある。たとえ相手との関係構築に困難が伴う場合でも、である。

対立の原因は何なのか、対立が生じるなかで自分はどんな責任を負っている能力かを正直に見つめよう。問題の根底にあるのは、その状況に対するあなたの反応かもしれない（それに、自分の反応以外はコントロールできない）。ケイシーの場合、マルタを「好きになれない」原因は自分自身にあるかもしれないと気づく必要があった。

②相手の考え方を理解するよう努めよう

他人の人生を惨めにしようと思って一日のスタートを切る人など、めったにいない。相手の視点に立って考える時間を設けよう。その人物が自分の成功に欠かせない存在だとしたら、なおさらだ。

自分に以下のような問いかけをしてみよう。なぜこの人は、こんなふうに振る舞っているのか。動機は何か。相手は私のことをどう見ているのか。私に求められ、必要とされていることは何か。

ケイシーのマルタに対する見方が変わり始めたのは、マルタにも自分と同じように正当な目標と動機があり、お互いの目標は本質的に対立しないと理解するようになってからだった。

③批評家や競争相手になるのではなく、問題を解決する人になろう

他者とうまく働くには、競争相手としてのスタンスから協働相手としてのスタンスに移行することが重要だ。(注1)一つの戦術は、相手に問題を「ぶつけてみる」ことだ。相手を克服しようとするのではなく、直接巻き込もう。

ケイシーの場合、マルタを昼食に誘って率直に打ち明けた。「私たちは十分効果的に働けていないと感じているの。あなたはどう思う？　どうすればもっと協力できるか、何かアイデアはある？」。相手に手の内を見せてほしいと頼み、(注2)その過程で自分の弱点をさらけ出せば、往々にして相手も手の内をいくらか明かしてくれるものだ。

④もっと質問しよう

ほとんどの人は、対立した状況下では、自らの考えを「伝える」ことで問題を解決しようと

する。過度に断定的になってしまい、状況を悪化させることが多い。

その代わりに、問いかけよう。理想的には、オープンエンドな質問をして会話を生み出そう。自分の考えは脇に置き、的確な質問をして、(注3)相手の答えに辛抱強く真剣に耳を傾けよう。

⑤自分の人付き合いの仕方への意識を高めよう

対立を相手との「相性の悪さ」のせいにするのは簡単だが、誰もがそれぞれのスタイルを持っているものであり、その違いを知ることがしばしば役に立つ。(注4)

昼食の席でマルタとケイシーは、二人ともキャリアの初期にMBTI(マイヤーズ・ブリッグス性格診断テスト)を受けていたことを知り、それぞれの性格について話し合った。

ケイシーは明らかに内向的(I)で極度の感覚型(S)だ。一人で静かに問題に取り組む時間を持ち、広範なデータから結論を導き出したいタイプである。

かたや、マルタは外向的(E)で極度の直観型(N)で、素早く行動することを好み、大局に目を向け、他者と対話をしながら問題を解決していくタイプだ。

こうしたスタイルと志向の違いを考えると、ケイシーとマルタがやりにくさを感じるのは当然だった。しかし、お互いの違いを知った後は、それぞれのアプローチに適応して受け入れれば、互いのやり方はきわめて補完的になりえることに気づいた。

⑥助けを求めよう

助けを求めれば、難しい人間関係を改善することができる。そうすることで、相手の知性と経験に価値を見出していることを示せるからだ。

昼食の際、自信をつけたケイシーはマルタにこう切り出した。「あなたは私より長くこの会社で働いているわね。私も事情は少しずつわかってきたけれど、助けてもらいたいの」

そして、彼女は次のように問いかけた。「私がもっとすべきことと、すべきでないことは何かしら。見逃していることはない？　つながるべきなのに、つながっていない人はいない？あなたがここで働き始めた時に、誰かが教えてくれたらよかったのにと思うことは何？」

ケイシーとマルタの関係性は著しく改善した。私が最後に電話をした時、ケイシーは次のように語った。マルタとは直接、あるいは携帯メールやチャットアプリのスラックを使って頻繁にコミュニケーションを取り、お互いのチームの会議にも定期的に参加している。

そして二人は、四半期ごとに双方のチーム全員を集め、進捗を評価し、学習したりプロセスを改善したりする機会を探っている。

マルタとケイシーは友人というわけではなく、社外で多くの時間をともに過ごす間柄ではないが、はるかによい同僚になり、当初予想していた以上にお互いを好きになった。

ケイシーがマルタとの関係を好転させられた理由の一つは、「鉄が熱いうちに」行動したからだ。彼女とマルタとの険悪な関係がまだ固まりきっていなかったので、ケイシーは自己認識を改め、自分のスタイルを相手に適応させて、歩み寄ることができた。

気の合わない人と効果的に協働することは可能だ。ただそのためには、あなた自身が一歩を踏み出さなければならない。

マーク・ネビンズ（Mark Nevins）
ネビンズ・コンサルタント社長。上級管理職とそのチームに、リーダーシップや変化、組織の効率性について助言やコンサルタントを行う。ジョン・ヒレンとの共著 *What Happens Now*（未訳）がある。

January–February 2013.（邦訳「『無礼』が利益を蝕む」『DIAMONDハーバード・ビジネス・レビュー』2013年12月号）
3） Whitney Johnson, "Bullying Is a Confidence Game," HBR.ORG, July 13, 2012.

10. サボる、手を抜く「怠慢な同僚」への賢い対処法

1） Allan R. Cohen and David L. Bradford, *Influence Without Authority*, Wiley, 2005.（邦訳『影響力の法則―現代組織を生き抜くバイブル』税務経理協会）
2） Susan David, *Emotional Agility: Get Unstuck, Embrace Change, and Thrive in Work and Life*, Avery, 2016.（邦訳『EA ハーバード流こころのマネジメント―予測不能の人生を思い通りに生きる方法』ダイヤモンド社）

11. 嫌いな人とうまく仕事をするための六つのアドバイス

1） Brian Uzzi and Shannon Dunlap, "Make Your Enemies Your Allies," *Harvard Business Review,* May 2012.（邦訳「あなたの天敵を味方に変える法」『DIAMONDハーバード・ビジネス・レビュー』2013年12月号）
2） Katie Liljenquist and Adam Galinsky, "Win Over an Opponent by Asking for Advice," HBR.ORG, June 27, 2014.（邦訳「敵を支持者に変える：『助言を求める』ことの3つの効果」DHBR.net, 2014年11月5日）
3） Alison Wood Brooks and Leslie K. John, "The Surprising Power of Questions," *Harvard Business Review*, May–June 2018.（邦訳「リーダーのEI（感情的知性）を高める優れた質問力」『DIAMONDハーバード・ビジネス・レビュー』2018年12月号）
4） Suzanne M. Johnson and VickbergKim Christfort, "Pioneers, Drivers, Integrators, and Guardians," *Harvard Business Review*, March–April 2017.（邦訳「脳科学で見極める4つの性格タイプ」『DIAMONDハーバード・ビジネス・レビュー』2018年9月号）

【注】

4. 意地の悪い同僚にどう対処するか
1) https://hbr.org/2014/09/how-to-deal-with-bullies-at-work
2) Gary Namie and Ruth Namie, *The Bully at Work: What You Can Do to Stop the Hurt and Reclaim Your Dignity on the Job*, Sourcebooks, 2000.
3) Nathanael J. Fast and Serena Chen, "When the Boss Feels Inadequate: Power, Incompetence, and Aggression," *Psychological Science 20* , no.11 (November 2009):1406-1413.
4) Nathanael J. Fast and Serena Chen, "A Simple 'Thanks' Can Tame the Barking Boss," *Psychological Science* , October 30, 2013, https://www.psychologicalscience.org/news/minds-business/a-simple-thanks-can-tame-the-barking-boss.html.

5. 受動的攻撃を仕掛けてくる同僚にどう対処するか
1) Amy Jen Su and Muriel Maignan Wilkins, *Own the Room: Discover Your Signature Voice to Master Your Leadership Presence*, Harvard Business Review Press, 2013.
2) Daniel Goleman, Richard Boyatzis, and Annie McKee, *Primal Leadership, With a New Preface by the Authors: Unleashing the Power of Emotional Intelligence*, Harvard Business Review Press, 2013.(邦訳『EQリーダーシップ―成功する人の「こころの知能指数」の活かし方』日本経済新聞出版社)
3) Muriel Maignan Wilkins, "Signs You're Being Passive-Aggressive," HBR.ORG, June 20, 2014.

6. ストレスで疲れ切った同僚と付き合う方法
1) Caroline Webb, *How to Have a Good Day: Harness the Power of Behavioral Science to Transform Your Working Life*, Currency, 2016.(邦訳『最高の自分を引き出す―脳が喜ぶ仕事術』草思社)。
2) Holly Weeks, *Failure to Communicate: How Conversations Go Wrong and What You Can Do to Right Them*, Harvard Business Review Press, 2010.

8. 「悪い」上司にいかに対処するか
1) "State of the Global Workplace Report 2013," Gallup, https://www.gallup.com/services/178517/state-global-workplace.aspx.

9. もし、上司や同僚に心を操られそうになったら
1) https://www.workplacebullying.org/individuals/solutions/wbi-action-plan/
2) Christine Porath and Christine Pearson, "The Price of Incivility," *Harvard Business Review,*

『Harvard Business Review』（HBR）とは

ハーバード・ビジネス・スクールの教育理念に基づいて、1922年、同校の機関誌として創刊された世界最古のマネジメント誌。米国内では29万人のエグゼクティブに購読され、日本、ドイツ、イタリア、BRICs諸国、南米主要国など、世界60万人のビジネスリーダーやプロフェッショナルに愛読されている。

『DIAMONDハーバード・ビジネス・レビュー』（DHBR）とは

HBR誌の日本語版として、米国以外では世界で最も早く、1976年に創刊。「社会を変えようとする意志を持ったリーダーのための雑誌」として、毎号HBR論文と日本オリジナルの記事を組み合わせ、時宜に合ったテーマを特集として掲載。多くの経営者やコンサルタント、若手リーダー層から支持され、また企業の管理職研修や企業内大学、ビジネススクールの教材としても利用されている。

入山章栄（いりやま・あきえ）

早稲田大学大学院経営管理研究科（ビジネススクール）教授。慶應義塾大学経済学部卒業、同大学院経済学研究科修士課程修了。三菱総合研究所で主に自動車メーカー・国内外政府機関への調査・コンサルティング業務に従事した後、2008年に米ピッツバーグ大学経営大学院よりPh.D.を取得。同年より米ニューヨーク州立大学バッファロー校ビジネススクールアシスタントプロフェッサー。2013年より早稲田大学大学院経営管理研究科（ビジネススクール）准教授。2019年から現職。Strategic Management Journal, Journal of International Business Studiesなど国際的な主要経営学術誌に論文を発表している。著書に『世界の経営学者はいま何を考えているのか』（英治出版）、『ビジネススクールでは学べない世界最先端の経営学』（日経BP社）、『世界標準の経営理論』（ダイヤモンド社）がある。

ハーバード・ビジネス・レビュー［EIシリーズ］

やっかいな人のマネジメント

2020年2月5日　第1刷発行

編　者——ハーバード・ビジネス・レビュー編集部
訳　者——DIAMONDハーバード・ビジネス・レビュー編集部
発行所——ダイヤモンド社
〒150-8409　東京都渋谷区神宮前6-12-17
http://www.diamond.co.jp/
電話／03･5778･7228（編集）　03･5778･7240（販売）

ブックデザイン—コバヤシタケシ
製作進行——ダイヤモンド・グラフィック社
印刷————勇進印刷（本文）・加藤文明社（カバー）
製本————ブックアート
編集担当——前澤ひろみ

ISBN 978-4-478-10601-3